歩くだけで不調が消える

# 歩行禅のすすめ

慈眼寺住職
大阿闍梨
塩沼亮潤

KADOKAWA

# はじめに

「イライラせずに、心穏やかに毎日を過ごしたい」
「心身ともに健康になって、充実した人生を送りたい」
「もっと幸せになりたい」

これらは、人間誰しもが心に抱く願いです。しかし、「自分は満ち足りて幸せです」と断言できる人は、かなり少数なのではないでしょうか。

世の中は、心がぐったりと疲れてしまうような物事であふれています。仕事に追われて心が消耗し、人間関係のストレスに悩み、ときには家庭でも不満が爆発することがあるでしょう。また、情報過多の現代ですから、各種メディアから流れてくる情報にイライラさせられることもあるかもしれません。

**人間の心は、イライラを感じれば感じるほど、イライラが増えるしくみになっています。**ネガティブなことを思えば思うほどネガティブな心が増殖して、ますます幸せを感じられなくなるという、負の連鎖に陥ってしまうのです。

不幸を遠ざけ、幸福度を高めるためには、イライラやムカムカ、不平不満や悩みなどで乱れた心を整えることが必要になります。断言しますが、**ネガティブな闇を抱えたままの心に、幸せは決してやってこない**のです。


では、その「心を整える」ための方法とは？

それが、本書のタイトルに掲げた「歩行禅」です。

**歩行禅は、歩きながら瞑想をし、そのあとに坐禅を組む、全部で3ステップの〝心のエクササイズ〟です。**


具体的な手順や方法について、詳しくは第1章や第2章でご説明しますが、実際にやってみたみなさんからは、次のような喜びの声が挙がりました。

「人間が丸くなり、相手を責めなくなりました」

「心が洗われて、不安やイライラが減り、ネガティブな気持ちが消えました」

「以前にくらべ、集中力がアップし、記憶力もよくなった気がします」

「猫背が改善して、腰痛も解消されました」

「ぽっこりした下腹がへこみました」

「自分が生まれ変わったようになって運気が上がりました。人生が好転しています」また、その効果が家族にも波及して、「不登校だった子どもが学校に行くようになりました」というお母さんの声も届いています。このエピソードも、第１章で詳しくお伝えしたいと思います。

歩行禅で心が整えば、身体の調子も整ってまいります。

**これは決して精神論ではなく、「心身相関」といって、医学的にも明らかになっていることです。**精神的ストレスは、さまざまな病気の発症リスクを高めます。たとえば、精神的ストレスが多い人ほど、高血圧や、心臓病、脳卒中などを引き起こしやすくなることがわかっています。

**歩行禅は、心穏やかに、健康に長生きするための生活術でもあるのです。**

歩行禅の実践方法と根拠は、２５００年の歴史をもつお釈迦様の教えや、仏教の智《ち》慧《え》――とくに、私が体験した「大峯千日回峰行《おおみねせんにちかいほうぎょう》」や「四無行《しむぎょう》」などの修行をおこなう、修験道《しゅげんどう》という仏教の一宗派の考え方に根ざしています。

もしかしたら、仏教と聞いて、すこし敷居が高いと感じる方もいらっしゃるかもしれません。しかし、本書の終章でも触れていますが、仏教の教えとは、本来「人間の生き方」や「幸せになる方法」を教えてくれる実用的なアイデア集なのです。

この本では、その仏教のアイデアをさらに噛み砕き、日常生活のなかで誰でも簡単に、無理なく実践できるようなハウツーに落とし込みました。

あまり堅苦しく考えずに、「とりあえず、やってみよう」という気軽な感覚で〝心のエクササイズ〟をはじめてみてください。

具体的なハウツーの解説に入る前に、まずは序章にて自己紹介を兼ねつつ、歩行禅のベースとなった「大峯千日回峰行」の修行で私が感じたこと、気づいたことから綴《つづ》っていきたいと思います。

この本を読んでくださるみなさんの心に、なにか一つでもよき変化が訪れ、世の中にますます笑顔があふれることを祈りながら。

Contents

歩くだけで不調が消える　歩行禅のすすめ／目次

## 第2章 実際に「歩行禅」をはじめてみよう

Contents

第3章 一日5分で効果が出る「心のエクササイズ」

Contents



編集協力 五十嵐有希
本文イラスト 山村ヒデト
本文デザイン・DTP 荒木香樹

# 序章

# 荒行の果てに見つけた「人生の歩み方」

## 私が得たもっとも大きな悟りとは

オギャーと生まれてからあの世に召されるまで、私たちの人生は、毎日が小さな修行そのものです。幸せを求め、人生の曲がりくねった道をひたすらに前へと歩み、人それぞれの旅を続けていきます。

では、人間にとっての幸せとはなんでしょうか？

私は、**人と人、心と心がつながったときの喜びこそが、人間にとって最大にして最高の幸せ**ではないかと考えます。

人と人との出会いというのは、大変ありがたいものです。仏教ではそれを「縁」と呼びます。

世の中というのは、実にいろいろな縁によって結ばれています。しかし、ときには人の縁が原因で苦しみを味わうこともあります。仕事での人間関係、友人知人との仲など、人づきあいから生まれる気苦労は尽きることがありません。

また、本当であればいちばん安心できるはずの家族や夫婦の間でコミュニケーションの悩みを抱え、苦しんでいる人も少なくないようです。

もし、あなたが苦しさと出会ったとしたら、どうすればよいのか。

生きる苦しさをどう受け止め、なにをすれば、よい方向に転換していけるのか。

そのためのヒントを示してくれるのが仏教です。

**自分が置かれている環境、与えられているご縁、また、悩みや苦しみを含むあらゆる出来事には意味がある。すべてを受け止め、すべてに感謝して生きることが、幸せへのいちばんの近道である。**

——私にこのような悟りを与えてくれたのが、**「大峯千日回峰行」**という修行でした。

大峯千日回峰行は、１０００年以上も前から行《ぎょう》じられてきた歴史と伝統のある修行です。奈良県吉野山《よしのやま》の金峯山寺《きんぷせんじ》蔵王堂《ざおうどう》から大峯山《おおみねさん》と呼ばれる山上ヶ岳《さんじょうがたけ》までの往復48キロメートルを一日16時間かけて歩き、それを１０００日間、雪で山が閉ざされる期間を除いて足かけ９年にわたり続けるというものです。

大峯山は標高１７１９メートル、道中は高低差にして１３００メートルの険しい山道です。危険はいたるところにあり、どの一瞬も決して気を抜けません。一歩足の置き場を誤れば、崖から転落して命を落としてしまいます。熊と鉢合わせになることもありますし、足元を油断して猛毒のマムシに咬《か》まれたらもうおしまいです。

一方、千日回峰行には、いったん行に入ったなら絶対に途中でやめることはできないという掟《おきて》があります。病気になっても、足の骨を折っても、不慮の事故に遭っても、たとえ親兄弟に不幸があったとしても、中断することは許されません。

万が一、途中でリタイアするときには、神仏にお詫《わ》びをして命を絶たなければなりません。行の最中いつも左腰に携えている短刀で自分の腹をかき切って自害するか、あるいは死出紐《しでひも》という紐を木に結びつけて首をくくり、死をもって終わりにしなくてはならない。そういった厳しい掟のある、文字どおり命がけの行でした。

毎日が、想像を絶する苦難の連続です。身体の調子は「いいか、悪いか」ではなく、常に「悪いか、最悪か」のどちらかでした。毎日のようにアクシデントやトラブルが起こり、そのたびに己の無力さ、人間のちっぽけさを痛感させられます。

山道をひたすら歩きながら大自然の法則を学び、人間について、この世の定めについて、考えに考え抜いた千日回峰行の9年間。ここで得たもっとも大きなものの一つが、**「人生の歩み方」についての悟り**でした。

## 大峯千日回峰行の日誌を振り返って

私は千日回峰行の最中、一日も欠かさず日誌をつけていました。この日誌は、とくに行の決まりごととして定められていたものではありませんが、自分なりのルールとして続けていたものです。

山道を往復したあとは、蔵王堂まで戻り掃除と洗濯をして、お風呂で汗を流し、ごはんをいただき、翌日の準備を整えます。そして、そのあとまた500段ある階段を下りて寝床のある参籠所《さんろうじょ》に戻り、床につく前に、その日一日のお山での出来事、自分の心に浮かんだこと、気づいたことなどを日誌に書き留めていました。

**精も根も尽き果てて、たったひと言しか書けない日もありましたが、それでも1000日間、一日も怠ることなく書き続けました。**

その日誌を振り返ってみると、千日回峰行を行じさせていただくなかでどのように自分の心の在り方が変わっていったかが、よくわかります。

時系列順に、日誌の一部を抜粋してご紹介いたしましょう。

17日目
行者なんて、次の一歩がわからないんだ。
行くか行かないかじゃない、行くだけなんだ。
理屈なんか通りゃあしない。もし行かなけりゃあ、短刀で腹を切るしかない。
そう、次の一歩がわからないんだ。

35日目
母ちゃん、ばあちゃん、
この世では俺ぐらいの子をもつ親は、もう孫もいるよね。
朝早く起きて無事を祈ってくれたり、苦労をかけたり、すまないね。
でも、神さん仏さんのためにがんばろうね。
いつの日から、この道を歩みはじめたのだろうか。
母ちゃん、誰に聞いてもわからない。
なぜなのかわからないけれども、

いま、母ちゃんとばあちゃんと俺、何なんだろう。
でも、仏さんも羨《うらや》むだろうと思うよ、この絆は。
一緒に暮らしたい。みんなのように親孝行したい。
でも、いまはできないんだ。

166日目
雨や風は自分に何を教えてくれるのか。
少し足を止めて考えてみると、
自分が一本の木であるとしたなら、
風は自分を鍛え、雨は自分を潤し、太陽の光を受け、
ただ天に向かって、まっすぐ成長するひたむきさ。
大きくなるにつれ、しっかりと根を下ろす木に考えさせられた。

406日目
やっと脚の痛みもやわらぎ、

下腹に力を入れ、腰を入れる歩き方ができるようになった。
たとえどんな苦しみも、過ぎてしまえばただの思い出。

４８８日目
左足痛い。腹痛い。たまりません。冷たい風で冷えたのか、腹痛い。
身体のふしぶしが痛い。雷鳴りそう。生き地獄。

４８９日目
腹痛い。たまらん。身体中のふしぶしが痛くてたまらん。
倒れた木によりかかり、汗と涙と鼻水を垂れ流し……。
でも、人前では毅然《きぜん》と。俺は人に希望を与えさせていただく仕事。
人の同情を買うようでは、行者失格だと言い聞かせ、やっと蔵王堂に帰ってきた。
なんで48キロメートル歩けたんだろう。
さっき酒屋のおばちゃんが「軽い足取りやねえ。元気そうやねえ」と。
俺は「はい、ありがとうございます」と答えたが、本当は違うんだよ。

俺の舞台裏は、誰も知る人はいないだろう。
いや、知ってくれなくていい。
誰に見られることも意識していない。
野に咲く一輪の花のごとく、御仏に対して、ただ清く正しくありたい。

525日目
人の心は誰でも幸せになれると思います。
しかし、そこに至るまでが四苦八苦です。
心のもち方次第で幸せにもなるし、不幸にもなります。
答えは心のなかにあります。
決して逃げないで、くじけないで、
死んだほうがいいなんて思ってはいけない。死んだら終わりです。
人生の春夏秋冬、辛抱していれば、必ず春は来る。
卑屈にならず、苦しみから逃れず、受け止めて乗り越える。
そう。種を植えて、一日で咲いた花はありません。

うしろを振り向くより、いまを強く、しなやかに、辛抱することです。

５６３日目

人はみな、平等であると思います。

この地球に生まれ、空気も水も光も平等に与えられていることを感謝しなければならないと思います。

自分の胸に手をやれば、心臓が動いています。

しかし、永遠に動いていることがないと思えば人生という、与えられし一生を大切に生きられるはずです。

自分を大切にするように、他人を尊重するということも忘れてはいけないと思います。

思いやりの心が、私たちに幸せをもたらす道です。

朝起きる、歩く、食べる、寝る。

人間生活の原点に帰り、たった一人お山にいるとこんなことを考えてしまいます。

782日目
人は雨を降らすことも、そよ風を吹かすこともできない。
ただ一つできることは、人を思いやること。
人を思いやることによって人に感動を与え、勇気を与えることができる。
人間は母なる大地に抱かれしことを忘れてはいけない。

880日目
苦しみの向こう、悲しみの向こうにはなにがあるのだろうかと思っていたが、
そこにあったものは、それは感謝の心ただ一つ。

954日目
人生のつらさ、厳しさを、自分の成長のためと私が受け取れたなら、
仏様は微笑んでくれるはず。
人は誰でも、心清ければ神仏に救われることを心の奥でわかっている。

こうして日誌を読み返してみると、序盤から前半はただひたすらに、自分を襲う苦難との戦い、お山の過酷な環境との戦いに心がとらわれていたことがわかります。当時24歳という若さから、「命の一つや二つ、落としてもなんてことはない」という荒々しい気持ちで力まかせに山々を駆けめぐり、がむしゃらに行じていました。

しかし、すぐに、自分の存在が大自然のなかでいかにちっぽけなものかに気づきます。満身創痍《そうい》で日々お山を歩くうち、次第に心境が変化していきました。「命の一つや二つ」などと軽々しいことは絶対に自分の口から言ってはいけないし、思ってもいけない。**この命は、神仏からいただいた尊い命。決して粗末にできるものではない。**

自分の存在はちっぽけだけれども、大自然のなかの一員なのだ。「私が、私が」とがむしゃらに進むのではなく、お山に逆らわず、調和して歩まねばならない。

そして、これは人生と同じではないかと気づいたのです。

山の歩き方がわかり、人生の歩き方をつかみかけた瞬間からは、ただただ自問自答を重ねました。自分が抱える内面的な問題、人間の在り方、大自然の神秘、修行そのものの意味……。

前述のとおり、いったん行に入れば、途中でやめることは絶対にできません。来る日も来る日も、生と死が隣り合わせにある極限の状態のなかで、ひたすら自己を見つめていきます。険しい山中、わずかな油断も許されぬ厳しい環境のもと、日常生活では感じ取れないようなことに感謝の念を抱き、涙を流すこともあります。

ときどき、私の本を読んでくださった方などから「修行をやめたいと思ったことはなかったのですか?」と尋ねられるのですが、行を「嫌だな」と思う日や、「行かなければならない」と義務のように感じる日は、本当に一日もありませんでした。

しかし、不安や気負いのない、穏やかで安定した心に至るまでは、ずいぶんと時間がかかりました。

私の心の風景がはっきりと変わってきたのは、1000日のちょうど折り返しとなる500日を過ぎるか過ぎないかの頃でした。日誌の内容からも、その様子を読み取っていただけると思います。

そして、満行を迎える前夜。日誌にはこう記されています。

999日目
いまの心が、いままでいちばんいいなあ。
この心がずっと変わらないといいなあ。
身体が言うことをきくなら、ずっと歩いていたい。
もしこの身体に限界がないのなら、
いまの心のまま、永遠に行が続いてほしい。
人生生涯、小僧の心。

このような心境に至るまで、どれほどの歳月が過ぎ、どれほどの涙が頰を伝ったことでしょうか。私は大峯千日回峰行をはじめとして、さまざまな行をさせていただいてきました。千日回峰行を満行した1年後には、9日間にわたり断食・断水・不眠・不臥《ふが》（なにも食べず、水も飲まず、寝ず、横にならず）を続ける「四無行」という荒行に入りましたが、これも大変に厳しく過酷なものでした。

**私にとってすべての行は、自分の人生の定めであり、そのなかでどんな状況にあっても常にポジティブに考えられる、いつもプラスの思考ができるようになるための訓**

練だったと解釈しています。

## 人間の生き方は4種類に分類される

人の心のなかには、ポジティブな自分とネガティブな自分が共存しています。そのときどきの状況や出来事によって、ポジティブな自分が顔を出したり、ネガティブな自分が顔を出したりします。

普段、どちらの自分が優勢か、その〝力関係〟がはっきりしている人もいるかもしれません。元テニスプレーヤー・松岡修造さんのように、常にポジティブな自分が優勢な人もいれば、それとは反対に、四六時中ネガティブな自分に支配されてしまっている人もいるのではないでしょうか。

昔、釈尊《しゃくそん》（お釈迦《しゃか》様）は、当時のインドの王様に「人間の生き方には4種類しかない」というお話を説かれました。

その4種類とは、次のようなものです。

「光から光へと生きていく人間」
「光から闇へと生きていく人間」
「闇から闇へと生きていく人間」
「闇から光へと生きていく人間」

**光というのは、人間が理想とするべき生き方。**つまり、明るい光を求め、プラスの方向を目指して前向きに歩くポジティブな生き方です。

**闇というのは、怒り、恨み、憎しみ、悲しみの気持ちにとらわれたネガティブな生き方。**人間としての成長を妨げる生き方であり、これが行き着くところは犯罪です。

しかし実際には、私たち人間はどうしてもままならない世界に生きています。世の中にはいいこともあるけれど、悪いこともある。自分の思いどおりになることばかりではないし、ときに理不尽な困難に襲われることもあります。

私も若い頃は、心が闇にとらわれていた時期がありました。

嫌なことがあると「どうして人生はうまくいかないのだろうなあ」「なぜ自分は運

が悪いのだろうなあ」と落ち込み、心がネガティブな自分に支配されてしまう日々。要領のいい人や、ズルをして利を得ているような人を横目に見ながら、ムカムカしたりイライラしたりしては心を曇らせていました。

**しかし、そういった自分にとって苦々しい存在もまた、心を磨くために仏様や神様が与えてくださった砥石《といし》なのです。**

修行僧として入門したばかりの頃、お師匠さんがこんな話をしてくださいました。

「あなたたちは収穫したばかりの芋です。芋は、汚れた土がついたままでは料理に使えません。あなたたちがこれからを過ごすお寺は、たらいです。お互いにぶつかり合いながら、土を落とし、きれいになっていくのです」

ここでの「土」とはなんでしょうか？

それは、**「自分が、自分が」という我《が》であり、「自分だけが」という我欲**です。

## 生きるうえでの「四苦八苦」を半分にする極意

みなさんの心のなかに、針があると思ってください。メトロノームのように、針はあなたの心の動きにしたがって右へ左へと行ったり来たりしています。

イラッとしたり、ムッとしたりした瞬間、心の針はマイナスのほうに振れます。イラッとしたり、ムッとしたりする時間が長く続くと、針はマイナスの方向が定位置となってしまいます。

こうなると、ネガティブな自分が常態化するわけです。この状態は心身の健康にもよくありませんし、ときに、心の針が勢い余って振り切れ、最悪の場合は犯罪などの事態に至ることもあります。

私たちは、**心の針を自らコントロールする必要がある**のです。

イラッとしたり、ムッとしたりしたときには、「あっ、いけない」と早く気づいて、心の針をプラスの方向に引き戻す努力をしなければいけません。常に心の針を「プラスに向けよう、プラスに向けよう」と意識することは、心のエクササイズです。

身体の健康のためにエクササイズをしている人は多いかもしれませんが、心の健康のためにエクササイズをしている人は少ないのではないでしょうか。心のエクササイズは、人生を幸せに生きるうえで必ず役に立つものです。

**人生には、必ず陰と陽の局面があります。私たちは、いいことと悪いことの波の**

**狭間《はざま》で生きているのです。**

みなさんは、**「四苦八苦」**という言葉の本来の意味をご存じでしょうか。現在は慣用句として広く用いられていますが、もともとは仏教の用語で、人間が生きるうえで思いどおりにならないことを指すものです。

四苦とは**「生・老・病・死」**になります。人間としてこの世に生まれてくること、年老いていくこと、病に冒されること、そして死ぬことを意味します。どうあがいても、誰も決して逃れることのできない必然的な定めです。

さらに、人間であるがために味わう苦しみが４つあります。

ほしいものが手に入らないことが**「求不得苦《ぐふとくく》」**。
愛する者と別れなければならないことが**「愛別離苦《あいべつりく》」**。
嫌な人と出会ってしまうことが**「怨憎会苦《おんぞうえく》」**。
そして、世の中はままならないものだということが**「五蘊盛苦《ごうんじょうく》」**です。

これらをあわせて「四苦八苦」と呼ぶのですが、後半の４つは、避けようがない前半の４つと違い、自分の心をうまくコントロールすることによって解決できるものなのです。

先ほども述べたように、コントロールとは、心の針をマイナスからプラスのほうへ引き戻す努力です。**思いどおりにいかずイライラしたり、気持ちが滅入ったりした瞬間に、すぐに「心の針をもとに戻そう」とする意識と実践です。**

これができるようになるだけで、人間の「四苦八苦」のうち半分をなきものにできるのですから、やらない手はありません。

## 心の針が「運」を左右する

現代は忙しく、世の中はどんどん複雑になり、心の潤いを失いがちな時代です。一日のなかで、心の針がマイナスのほうに振れる瞬間はたくさんあるでしょう。

電車内で見知らぬ人と肩がぶつかった。上司に嫌味を言われた。人から失礼な対応をされた。家族は文句ばかり言う。仕事が嫌だ。お金が足りない。毎日がつまらない。なにひとつ、自分の思うとおりにいかない……。

しかし、だからといって心の針がマイナスのほうにばかり振れていると、自分の人生そのものがマイナスの方向に引き寄せられてしまいます。嫌な出来事があっても、それにとらわれず、いかにポジティブに「まあ、しょうがない」と切り替えて心の針を引き戻すか。この努力を続けていると、だんだんと、心の針がマイナスから真ん中へ、そして真ん中からプラスのほうへと振れてくるのです。

「運がよくなる」などというと、少々怪しげに聞こえるかもしれませんが、この心のエクササイズによって運勢は確実に変わります。

**運の善し悪しは、実体のない曖昧なものでも、他力本願的なものでもありません。日々の習慣が形づくる〝心のクセ〟のようなものだと考えてください。**

私も昔は、「自分は運が悪い」と思っていました。しかし、千日回峰行をはじめとする十数年にわたる修行や日々の心がけの結果、心の針がいつもプラスを向くようになりました。すると、変化が訪れました。あらゆる物事が、自然と、よいほう、よいほうへと運ばれていることに気がついたのです。

運とは、「運ぶ」という文字を書きます。自分の心の状態が、明日の自分をよい方向へと運んでくれます。

イラッとしたり、ムッとしたりした分だけ、損をします。心の針の動きが、みなさんの人生を決めるのです。

## 「悟り」を開くための唯一の方法

お坊さんだって、もともとは普通の人たちですから、イラッとしたり、ムッとしたりすることはあります。修行僧として入ったばかりの頃などは、まだまだ我にとらわれ、心の針のコントロールも下手くそでしたので、同期の者たちといつも良好な人間関係のときばかりではありません。

しかし、お釈迦様の教えを説く立場となる以上、当然ながら、自分がその教えの実践者とならなければ説得力がありません。そこで、お寺での日々の修行を積み重ねながら、心の針をコントロールする訓練をしていくわけです。

**心の針をコントロールできる状態は、仏教で言う「悟り」の一つの段階**だと考えてください。では、具体的には、なにをどうすれば悟りの境地に近づくことができるのでしょうか。

その答えは、**「ルーティン」**です。

ルーティンとは、日々、習慣的に繰り返す決まりきった仕事や一連の所作《しょさ》のことを指します。世界的に有名なイチロー選手が、バッターボックスに立つ前の動作や日常習慣などにおいて「同じパターンの繰り返し」を大切にしながら自己管理していたエピソードはよく知られていますが、実は、仏教の教えにおいてもルーティンは非常に重要な意味をもっているのです。

約2500年前に、お釈迦様が**「同じことを同じように繰り返していると、悟る可能性がある」**とおっしゃいました。

また、伝教大師最澄《でんぎょうだいしさいちょう》は**「最下鈍《さいげどん》の者も、十二年を経れば必ず一験《いつけん》を得ん」**という言葉を残しています。どんなに愚かな者でも、12年間、一つのことに取り組み続けていると、必ずなにか秀でるものをつかむことができるという意味です。

お寺で修行させていただく毎日は、まさにルーティンの連続です。

朝は5時に起床。6時には全員で本堂に集まり朝の勤行《ごんぎょう》。7時から作務《さむ》（掃除などの雑事）をして――毎日、同じことを同じように繰り返す規則正しい生活のなかで、僧侶としてふさわしい内面を磨いていきます。

では、普通の人も朝起きて、歯みがきをして、食事をして、仕事に行って……と毎日同じことを繰り返していれば、やがて悟ることができるのでしょうか？

残念ながら、漫然と、あるいは嫌々ながら同じことを繰り返すだけでは、悟りの境地に達することはありません。

そこには、仏教で言うところの**「上求菩提《じょうぐぼだい》、下化衆生《げけしゅじょう》」**の精神が必要になります。

わかりやすく言えば、自己の悟りを求め、みなさんのために法を説いて迷いから解放し、悟りを開くお手伝いをさせていただくという心がけです。

つまり、「情熱」と「目標」をもって探求していく姿勢が必要不可欠だということです。「夢」、または「理想」と言い換えてもよいかもしれません。**今日より明日、明日より明後日と、よりよい未来に向かっていく人間だけが悟れる**わけです。

みなさんが生活する一般社会でも同じでしょう。

たとえば、仕事について考えてみてください。業務の成果やクオリティを高めていくために、そして取引先やお客様にもっと満足していただくために、今日より明日、明日より明後日とがんばる人だけが、高みに到達することできます。

一方で、毎日ため息をつきながら会社に行き、嫌々ながら仕事をしている人はどうでしょう。たとえ12年間続けたとしても、なにか秀でたものをつかむことは難しいのではないでしょうか。

## 魂はルーティンによってステップアップする

悟りを得るためには、情熱をもってルーティンに取り組む姿勢が必要となります。ですが、現実の生活のなかで、ルーティンと情熱を両立させるのはなかなか難しいものです。残念ながら、そのための特効薬もありません。

お坊さんの世界でも、お寺で修行をしさえすれば必ず悟れるというわけでもないのです。

すこし厳しい言い方をすれば、「やる気のない人につける薬はない」のが現実なのですが、**常に光ある方向へと向かっていきたいという心さえあれば、なにも特別な修行をしなくても、日常の生活の繰り返しのなかで誰でも小さな気づきの積み重ねができる**と私は考えています。

仏教には、人間の魂を次のように10段階に区分する世界観があります。

## 十界《じっかい》

### 仏
悟りを開いた状態

### 菩薩
求道《ぐどう》と利他を実践しながら、仏の使いとして行動する状態

### 縁覚《えんがく》
仏の教えを学び、自己のなかで部分的な悟りに至った状態

### 声聞《しょうもん》
仏の教えを聞き、学んでいる状態

四《し》聖《しょう》

### 天
努力の結果、欲望が満たされた喜びの状態

### 人
人間として平常の世界、人間らしさを保っている状態

### 修羅
怒りや憎しみで、武力による争いの絶えない状態

### 畜生
智慧をもたず、動物的本能のままに行動する状態

### 餓鬼
強欲で嫉妬深い餓鬼が、飢えと渇きに苦しむ状態

### 地獄
もっとも罪の重い者が堕《お》ちてあらゆる恐怖に苛《さいな》まれる、最下層の状態

六《ろく》道《どう》

これらは**「十界」**と総称され、このうち下の6つの世界（地獄、餓鬼、畜生、修羅、人、天）を**「六道」**といいます。上の4つの世界（声聞、縁覚、菩薩、仏）は**「四聖」**といい、これは仏道修行によって到達できる境涯とされています。

人間の魂の多くは、生まれ変わりながらずっと六道を行ったり来たり、流転しているというのが仏教の教えです。しかし、**修行により自分の心を高めていけば、どんな人でも四聖の「声聞」や「縁覚」の境涯に至ることができる**と説いているのです。

前述のとおり、悟りを開くためのアプローチの仕方の一つとして、お釈迦様は「同じことを同じように毎日情熱をもって繰り返すこと」を示唆してくださいました。すなわち、人間の魂はルーティンと情熱によりステップアップしていくということです。

お坊さんの修行はそのための手段ですが、世間一般のみなさんも、日々の生活のなかにルーティンと情熱を取り入れることで、魂のステップアップを目指すことができます。

必要なのは、人それぞれに、与えられた環境と役割のなかで常に光ある方向へと向かっていきたいという心がけです。

仕事や、学びの場で掲げられる「コツコツと、精いっぱいがんばろう！」「情熱をもってがんばろう！」といったかけ声は、まさに仏教の教えそのものであり、なにか一つの物事を成し遂げるための真理だとも言えます。

## 「歩くこと」はルーティンにしやすい

「悟りってなに？　私たち凡人には関係ない」――そういった方々にこそ挑戦していただきたい〝プチ修行〟の方法を、この本ではお伝えしたいと思います。

それが、本のタイトルでもある**「歩行禅」**です。

詳しくは次章以降でご説明していきますが、**心の針を常にプラスの方向へとコントロールし、悟りに一歩近づくための、もっとも簡単なアプローチ方法**です。

歩行禅は、文字どおり「歩く」ことの効果を活用した心のエクササイズとして、自信をもっておすすめできるメソッドです。私が身をもって実感した千日回峰行のエッセンスだけを〝いいとこ取り〟した、いわば修行のエントリー版といったところでしょうか。

歩くというのは特別な道具も設備もいらず、老若男女が誰でもできること。生活動作としても、もっとも普遍的なものですから、毎日のルーティンにしやすいという利点もあります。

## 自然界そのものがルーティンで成り立っている

日常の場面では、ルーティンをついつい軽視してしまいがちですが、そもそもこの地球、そして自然界は、同じことの繰り返しで成り立っています。

毎日お山を歩いているとよくわかりますが、朝は東の空からお天道様が昇り、夕方になると必ず西の空に沈んでいきます。天から落ちてくる雨は地に降り注ぎ、川の水は高いところから低いところへと、迷うことなく流れていきます。

春から夏になり、秋を迎え、やがて寒い冬を越えてまた春がめぐってきます。大自然には、常に同じ方向へと流れる一定のきまりごとがあるのです。

地球は365日休まずに、同じルートを同じ速さで、同じ方向にまわっています。太陽や月もまた、一定の周期を繰り返しています。つまり、**宇宙のしくみそのものがルーティンによって成り立っている**と言えるのではないでしょうか。

# 第1章 「歩行禅」とはなにか

## 前身は沖縄で試みた「ネイチャー・ウォーク」

歩行禅は私が満行した千日回峰行がベースになっていますが、実は、その高い効果と実用性を確信したのは比較的最近のことです。

これが「心のエクササイズ」として多くの人に役立ててもらえると確信したのは、2016年に沖縄県で開催されたG1サミットに参加させていただいたことが直接のきっかけとなりました。

G1サミットは「日本版ダボス会議」とも呼ばれ、今後の日本や世界を担っていく各界のリーダーたちが、政治、経済、科学、文化、スポーツ、ITなど幅広い分野において活発に意見交換と交流をする大規模な催しです。

iPS細胞でノーベル賞を受賞した京都大学の山中伸弥教授、経済学者で元国務大臣の竹中平蔵さん、俳優の辰巳琢郎さんなど名だたる著名人のみなさんが登壇・参加するなか、縁あって私にもお声がかかり、「参加者向けのアクティビティとして、なにかやっていただけませんか?」との依頼を受けたのです。

講演ならば経験はあるのですが、アクティビティというとどんなものが歓迎されるのだろうか？　先進的な会議のあとに、大自然のなかで頭と心と身体がすっきりリフレッシュできるようなものがいいかもしれない。せっかく体験していただくのだから、参加者のみなさんに喜んでいただける内容にしたい——。

そんなふうにいろいろと考えて、千日回峰行と仏教の教えを下敷きにした心のエクササイズ、「歩行禅」を思いついたのです。

G1サミットでは「ネイチャー・ウォーク」と銘打ち、ビーチアクティビティとして海岸沿いでおこないました。千日回峰行ではひたすら険しい山道を歩いていましたが、開放的な海の近くを気分よく歩くことでも、さまざまな気づきを得ることができます。

このときは、参加者のみなさんに次のようなルールで実践していただきました。

◎ここから、あの岬（1・5キロメートルほど先）までウォーキングで往復します。海辺を歩いて岬まで着いたら、帰りも同じ道を折り返して、このスタート地点まで戻ってきてください。

◎往路は、人生のなかで懺悔《ざんげ》しなければならない過去や日常で人に迷惑をかけたことなど、思いつくだけ思い出してください。あの出来事、この出来事、自分の罪や過ちをできる限りたくさん思い出して、心のなかで「ごめんなさい」と唱えながら歩いてください。

◎復路は、人生のなかで感謝すべきこと、ありがたいと思えることを、できる限りたくさん思い浮かべてください。そして、心のなかで「ありがとう」と唱えながら歩いてください。

◎ルールは、絶対に人としゃべらないこと。お友達同士で参加している場合でも、往路、復路とも心のなかでの「ごめんなさい」「ありがとう」に集中してください。

◎往復のウォーキングを終えてここに戻ってきたら、座って坐禅を組みます。

◎いま自分が置かれている状況や、与えられている環境と向き合いながら、25分ほど坐禅を続けましょう。

このネイチャー・ウォークには現職の大臣をはじめ、非常に多くのみなさんが参加してくださいました。そして、「ありがとう」「ごめんなさい」のウォーキングから坐禅までのすべての行程を終えると――全員、生まれ変わったようにスッキリとした表情に変わっていたのです。なかには、ポロポロと涙を流している人もいました。

もちろん、会議場の緊張感から解放され、自然のなかでリフレッシュできたということもあるでしょう。しかし、どうもそれだけではなさそうです。

参加者のみなさんからは、

**「歩きながらだと、素直に自分を反省できることがわかりました」**

**「自分を客観的に見つめる時間になりました。こんな時間をもったことは、いままで一度もありませんでした」**

**「心が晴れる、すごくいいセッションでした」**

など、大満足の声をいただきました。

## ネイチャー・ウォーク参加者たちの体験談

ネイチャー・ウォークの効果は、その場のリフレッシュ作用のみにとどまるものではありませんでした。

後日、沖縄でのネイチャー・ウォークに参加したある女性と再びお会いする機会がありました。私に会うなり、その女性は嬉しそうにこう話してくれたのです。

「ネイチャー・ウォークのあと、不登校だった子どもが学校に行くようになったんです。本当にありがとうございます」

続けて彼女は、「ネイチャー・ウォークを体験して、自分が変わった気がします。これまでは自分の内面的なものが知らず知らずのうちに子どもに影響を与えてしまって、不登校にさせていたのかもしれません」と語ってくれました。

懺悔と感謝を徹底的に洗い出し、時間をかけて客観的に自分と向き合うことで心が変わり、自分から発する雰囲気が変わり、子どもたちや家族への接し方が変化して、コミュニケーションの質がいい方向に変わった。その結果、子どもの問題が解決したのでしょう。

さらに、この女性の家庭にはもう一つ、不思議な変化が訪れたそうです。

彼女はいままでもときどき、不登校だった下の子をつい必要以上に責めてしまうことがあるそうなのですが、そんなときには、上の子が「お母さん、それ以上言ったらダメよ」と言って気づかせてくれるようになったというのです。

ネイチャー・ウォークをする前には、こういう関わり合いはなかったというので、不思議なものです。このケースでは、**ネイチャー・ウォークの効果でお母さんの心の針がプラスの方向を向くようになった結果、その変化が家族にも波及していき、プラスの方向に相互作用が生まれている**のでしょう。

序章で、**「心の針がその人の運を左右する」**というお話をしましたが、心の針がプラスを向くことの効果は大きく二つあります。

一つは、**ネガティブなものごとにとらわれず、常にポジティブでいられる**こと。もう一つは、**他人に対して愛を与えることができるようになる**ことです。前者はおもに自分の内面に対する作用、後者はおもに外界に対する作用ですが、どちらも、めぐりめぐって最終的には自分の運も、身近な人の運もアップさせる効果があります。

他人に対して愛を与えることができれば、その結果として、周囲からも愛が返ってくるようになります。すると、周囲の人間関係が、温かく慈愛に満ちたものへと変容するのです。

この女性のほかにも、何人かの参加者の方から、すばらしいビフォー・アフターの報告がありました。

勤務先で上司との関係がうまくいっていなかったという会社員の男性は、ネイチャー・ウォークのあと、「自分にも悪いところがあるのかもしれない。そういえば、笑顔で話しかけたこともなかった」と思い至り、悩みの種だった上司にも必ず笑顔で挨拶をして、自ら積極的に関わるようにしたそうです。

すると、かつて自分を苦しめていた、上司のとげとげしい態度が日を追うごとになくなっていったと言います。彼は、「いじめられていると思っていたのですが、自分の閉じた心が、周囲のそういう態度を引き出していたのかもしれません」と語ってくれました。

世の中、「自分が悪い」と思って生きている人は、そうそういません。そこに気づきを与えてくれたのがネイチャー・ウォークのアクティビティだったというわけです。

その他、次のような嬉しい声をたくさんいただきました。

**「寛大になり、人間としての器が大きくなった」**

**「相手を責めなくなった。誰かのせいにしていた自分が恥ずかしい」**

**「自分の至らなさに気づいた」**

**「心が洗われて、ネガティブな気持ちが消えた」**

**「まわりの人たちのありがたさに気づいた」**

また、ある経営者の男性からは**「ネイチャー・ウォークに参加して、すごくよかったです。自分が生まれ変わったようになって、運気が上がりました。人生が好転しています」**というメッセージをいただきました。なんとも絶大なる効果です。

## いつでも、どこでも、誰でもできるのが「歩行禅」

本書で提唱する「歩行禅」は、このネイチャー・ウォークを、日常的に実践できる心のエクササイズとして実用化したものです。

緑豊かな山や森林でなくても、輝く太陽と広い海が目の前になくとも、いつでも、どこでも、誰でも、簡単に実践できて、ルーティン化しやすいようなメソッドにしました。具体的な手順と内容、実践上のポイントなどは次の第2章で改めてご説明しますが、基本はネイチャー・ウォークのやり方と同じです。

ごく簡単に言ってしまえば、千日回峰行にヒントを得て、歩行（ウォーキング）と坐禅と瞑想を組み合わせたものが歩行禅です。

瞑想とは、辞書を引くと**「目を閉じて静かに考えること。現前の境界を忘れて想像をめぐらすこと」**(『広辞苑』第六版)とあります。

つまり、正確には、坐禅のときに自分自身と向き合うための思考が「瞑想」にあたるというわけですが、ウォーキングの際に「ごめんなさい」「ありがとう」と思いをめぐらすこともまた、「瞑想」に準じる行為だと言えるでしょう。

## 瞑想とウォーキングの組み合わせでうつが軽減

実は、ウォーキングと瞑想は、科学的に見ても非常に相性がよいことがわかっています。

2016年の秋、アメリカの『バックパッカー』という雑誌に、千日回峰行と私の特集記事をまとめていただきました。その記事内に、次のようなトピックスが紹介されています。

〈米ニュージャージー州にあるラトガース大学のブランドン・オーダーマン博士らの

研究発表により、**軽いウォーキングなどの有酸素運動と瞑想を組み合わせると、うつ病の症状が軽減し、前向きな気持ちになる**ことがわかった〉

これは、2016年2月10日付でアメリカの精神医学誌「Translational Psychiatry」(電子版)に発表された報告だそうです。

この研究では、医師によってうつ病と診断された学生のグループと健康な学生のグループに対して、30分の有酸素運動(軽めのウォーキングまたはジョギング)と30分の瞑想を組み合わせたプログラムを、週2回、8週間にわたって実施しました。その結果、プログラムの実施前とくらべて、うつ病学生グループの症状が21%軽減したほか、健康な学生グループでも抑うつ度(気分が落ち込む度合い)が低下していたという結果が出たといいます。

また、事後調査で健康な学生にアンケートを実施したところ、大半が「なにかを心配する時間が減り、人生を肯定的に考えられるようになった」と回答したそうです。これは、**心が前向きになり、集中力やポジティブさが増した**ことを意味します。

オーダーマン博士は、この研究結果を受けて「ウォーキングなどの有酸素運動と瞑想は、それぞれがうつ病に有効であることは前から知られていましたが、組み合わせておこなうといっそう効果が上がることがわかりました」とコメントしています。

瞑想は、近年、世界的なブームとなっている「マインドフルネス」の手法として再評価されています。

実際に、世界の名だたる大企業でもビジネスの効率アップやメンタルヘルスを目的に取り入れられ、医療機関が治療プログラムの一環として取り入れる例も増えています。科学的には、**脳の若返り、認知症予防、記憶力や集中力のアップ、不安やイライラの解消といった効果**が注目されているようです。

一方で、「歩くこと」のみを単独で見ても、心と身体の健康維持には欠かせない習慣と考えて間違いありません。

カナダに住んでいる私の友人が、数年前に「体調が悪い」と言ってすっかり元気を失っていた時期がありました。コンディションの一時的な波というわけではなさそうで、どうやらなにかの病気に罹《かか》ってしまったようでした。それが先日、2年ぶりくらいに会ったとき、見違えるほど元気になっていたのです。

理由をたずねると、「毎日、3時間ほど歩くようにしたんです。そうしたら、病気がどこかに飛んでいっちゃった」と話してくれました。最初のうちはしんどくて、1時間歩くのが精いっぱいだったらしいのですが、続けているうちにだんだんと気力と体力が増し、2時間、3時間と長い時間を苦もなく歩けるようになったと言います。

この友人は、いまでは健康そのものです。

## 歩くことのさまざまな効果・効能

下半身の筋肉は、全身に存在する筋肉のうちの3分の2以上、約7割を占めると言われています。筋肉は、収縮したり弛緩したりすることで全身に血液を送り出すポンプの役割を果たしていますから、身体を動かすことには全身の血のめぐりをよくする効果があります。

この効果を効率よく得られるのが、ウォーキングです。

ウォーキングは老若男女、誰でもすぐにはじめることができます。特別な道具をそろえる必要もありませんし、場所も選びません。また、ひざや腰に負担をかけるジョギングと違い、体力に自信のない人でも無理なく続けることができます。**なにより、歩くことには「引退」というものがありません。**身体さえ動けば、死ぬ間際まで歩くことができます。

ウォーキングを習慣化することにより、身体が健康になるだけでなく、精神にもよい影響が出てきます。

歩くことで脳の血流もよくなりますから、**頭の働きが活性化**します。事実、昔の発明家は、歩きながら思考をめぐらせてアイデアをひねり出していたそうです。

また、歩くことにより、**幸福感をアップさせる働きのある「セロトニン」という脳内ホルモン（神経伝達物質）の分泌量が増える**こともわかっています。歩くことは、身体にも脳にも、心にも多くの「いいこと」をもたらしてくれるというわけです。

しかし、現代人は、便利な世の中において歩く機会がどんどん減ってきています。

江戸時代の庶民は一日のうちに3万歩も歩いていたそうですが、ひるがえって現代の日本人は平均6000〜7000歩ほど。自動車や電動自転車、エレベーターやエスカレーターなどを使う便利で快適な生活に慣れきっていることに加え、朝から晩まで座りっぱなしのデスクワークで「一日のうち、歩く時間がほとんどない」という人も少なくないのではないでしょうか。

身体をほとんど動かさない生活をしている人は一日に1%の割合で筋肉量が減っていくとも言われており、なかでも、下半身はとくに筋肉の衰えが速い部位なのだそうです。

このように、「歩くこと」は心身の健康に直結しています。

坐禅や瞑想にウォーキングを組み合わせることで、心を整える効果がよりアップすることは間違いありません。私自身が千日回峰行で得た経験からも、自信と確信をもっておすすめできます。

## 歩行禅で心が変わり、運がよくなる

科学的に検証していけば、さまざまな効果が明らかになるのかもしれませんが、私が考える歩行禅の一番のメリットは、次のことに尽きます。

**ポジティブになれば、嫌なことをプラスに考えられるようになること。**

これが、最大にして最高の効果です。

歩いて、懺悔と感謝をし、坐禅を組んで瞑想する。この一連の流れが、序章でお伝えした「心の針」をマイナスからプラスに向けるためのエクササイズ・プログラムとして最適なのです。

このエクササイズを続け、心の針が常にプラスに振れるようになると、自然と運もよくなってきます。

まず、悪いこと、嫌なことが起こらなくなってきますし、「自分はツイてるなあ、幸せだなあ」と感じられる出来事が不思議と多くなってきます。人間関係もよくなってきます。そういう方向へと、自然に運ばれていくのです。

また、心と身体はつながっていますから、心が整えば体調もよくなってきます。

心がポジティブになることが歩行禅の主作用だとしたら、副次的な作用として**「運がよくなる」「人間関係がよくなる」「健康になる」**といったメリットを挙げることもできるでしょう。

## 実践こそが大事——修験道の精神から

繰り返しになりますが、歩行禅のベースになっているのは、千日回峰行での経験です。一日48キロメートルの山道を1000日間歩き続け、その間、ひたすら自分と向き合いながら自問自答を続ける過酷な修行でしたが、肉体と精神のバランスが整ってくると、日常生活のなかで起こる出来事をポジティブに思考できるようになる。瞬間的にイライラしたりしたとしても、すぐに転換して、災いを福とするコツを得ることができます。結果、人生には「よいこと」しかないのです。

これは、決して大げさな話ではありません。

私は、千日回峰行を原点とするさまざまな経験のなかで**「よりよく生きるためのコツ」**を——もっと率直に言ってしまえば、**「人生において運気を上げるコツ」**を確かに見つけました。これを、独り占めしておくのはあまりにももったいない。ぜひ、そのコツをみなさんにもつかんでいただきたいと思いました。

宗教の教えを説く本というと、格の高い言葉が綴られている一方で、ややもすれば

「机上の空論」「読んでおしまい」の内容になってしまいがちです。

しかし、頭のなかで考えるだけでは不毛です。

**生きていくうえでは何事も体験が大事であり、実践ありきです。**

私がこのように考えるのは、実修実験《じっしゅうじっけん》を重んじ、身体を使った行で真理に近づくことを目的とする「修験道」の宗派を歩んできたからかもしれません。自分自身で体験すること、頭で考えるだけでなく肉体をもって実践してみることの意義を、文字どおり、身体で会得してきたからです。

少々乱暴な言い方になるかもしれませんが、いくら宗教学をお勉強しても、理不尽なことも多々あるこの世を生き抜くうえでは、すんなりと腑に落ちることばかりではありません。お釈迦様や開祖の残した言葉を知識として頭に詰め込んだだけでは、単なる「物知り」の段階です。その教えを自らが実践して心から理解・体得しないかぎり、心の安穏《あんのん》は得られません。

知識という面だけで言えば、私たちお坊さんよりも、仏教学や宗教学を研究している学者さんのほうがずっと詳しくご存じです。しかし、みなさんの心に響く言葉でお伝えできるのは、お坊さんであると思っています。それは、修行にはじまり、日々のお勤めや戒律の遵守《じゅんしゅ》、お釈迦様の教えを体得するところまで、膨大な「実践の積み重ね」があるからです。

**実践を経てはじめて、内面は成熟していきます。**

人間は、体験してこそ成長していくのです。

## 修行で得た大自然への感謝

私自身が体験から得たものの一つに、大自然への感謝があります。

千日回峰行をはじめとする荒行の末に行き着いたのは、空気、太陽、水、木々や草花から小さな生き物まで、私たちをとりまく自然界のあらゆる存在への感謝と畏怖の心でした。

もちろん、お天道様のありがたさを思い、緑の豊かさや花の美しさに感じ入ることはそれ以前にもありました。しかし、人の手入れなど施されていない深い山中に身を置き、来る日も来る日も大自然の厳しいルールを「体験」することで得た気づきは、それまでとはまったく別次元のものでした。

自然は、奇跡的なバランスで私たちの存在を包み込み、人間一人ひとりを生かしてくれています。

酸素を含んだ空気を吸うことで私たちは命をつなげていくことができます。

太陽が毎日昇り、ときに雨の恵みがあるからこそ穀物が育ち、私たちは食糧を得ることができます。

木々や草花は、私たち動物が出す二酸化炭素を酸素に変えて、空気を浄化してくれます。

虫は、木々や草花が繁殖するための仲介者となります。そして、すべての動物は食物連鎖のなかで共生関係を保ち、この地球上の生態系を守っています。

自然界の営みは理にかなっています。**私たち人間がどのような知恵や技術をもってしても作り上げることのできない世界であり、私たち人間はそのなかで生かされているのです。**

この恵みに満ちたすばらしい世界を、いったい誰が、なんのために作り上げたのか。そのことに考えをめぐらせると、「ありがとうございます」という感謝の念しかありません。

山での修行をはじめた最初の頃は、気持ちばかりが先走り、肩に力が入った状態で力まかせに山道を駆けめぐっていました。そんな歩き方をしていると、当然、身体に負担がかかります。すぐに、ひざや足腰を傷めてしまいました。

このとき、私が感じたのは「ああ、人生と一緒だな」ということです。「私が、私が」と力まかせに進むだけだと他人を傷つけてしまうし、周囲からの反発でこちらが痛い目に遭うこともある。それは、自然が相手でも同じでした。そういうことに気づいて、だんだん、山にも優しく歩を進めるようになりました。

無垢《むく》な子どものような気持ちで、心のなかで「謙虚、素直、謙虚、素直……」と繰り返し唱えながら歩いているうちに、自分の存在が大自然のなかでいかにちっぽけなものかがわかってきます。

台風の日があり、雷雨の日があり、猛烈な酷暑の日があり、毎日が試練の連続でした。大自然はとても手ごわく、なにが起こっても、私にできることは受け入れることだけでした。

一方で、大自然の美しい景色を目の当たりにして思わず感動する日もありました。ある夜、真夜中に、雲一つないきれいな星空が広がっていました。そこに、まぶしいくらいに煌々《こうこう》と輝くお月様。その瞬間、山に霧がかかり、月の光で七色の虹が現れました。このときには震えるほどの感動を覚えたものです。

ありふれた風景から学びを得る日もあります。

ある日、ふと自分の足元を見ると小さくてきれいな花が咲いていました。なるほど、この花はこんなに深い山中で、誰かに見られるわけでもないのに本当にきれいに花を咲かせている。そして、隣にどんなに美しい花が咲いても、決して妬《ねた》んだり、いじけたりすることなく、自分は自分で精いっぱいに咲くのみ。人間も、この花のようにあるべきなのではないか――。

修験とは、深山幽谷《しんざんゆうこく》に分け入り、一草木より自然の理《ことわり》を悟り、自分の心と照らし合わせ反省する、まさに実修実験の日々でした。

## 一度は大自然のなかで歩行禅を

改めて考えると、お山は、自分自身との問答を重ねる瞑想には最高の環境です。静かであること。時折聞こえてくる野鳥のさえずりが安らぎ感を高めること。植物が芽を吹き生い茂る生命感に満ちあふれていること。樹木の香りや緑の色が心を癒やすこと。澄んだ空気が供給されていることなど、数えあげればきりがありません。

千日回峰行は、こういったお山の霊気をすべていただけた修行でした。

事実、空海の開いた高野山、最澄の開いた比叡山、密教僧や修験者の修行した霊場といわれる吉野から熊野にかけての大峰山、東北の羽黒山、木曽の御岳《おんたけ》など、いずれも山です。

歩行禅は、日常生活のなかで習慣化しやすいメソッドにしてありますが、みなさんも一度はぜひ、**緑豊かな場所で、大自然のパワーを感じながら「実践」してみていただきたい**と思います。

千日回峰行は特別な修行でも、雲のうえの話でもなく、誰にでもできるもの。それが、この本でご紹介する「歩行禅」です。

次の章から、そのハウツーをお伝えしていきましょう。

# 第2章

# 実際に「歩行禅」をはじめてみよう

## 「身息心」の原則

正式なやり方は宗派や流儀によって異なりますが、禅は**「調身《ちょうしん》・調息《ちょうそく》・調心《ちょうしん》」**という考え方を基本としています。これは、**全身の姿勢（＝身）を整え、呼吸（＝息）を整えると、精神（＝心）が整ってくる**という考え方です。

この本では「身息心《しんそくしん》」と表現しましょう。姿勢↓呼吸↓心、この順番をしっかりと頭に入れておいてください。坐禅を組むときに限らず、日常生活のなかで心をリセットしたいときや精神を安定させたいときには、身息心の３段階を意識することが大切です。

千日回峰行においても、「今日はちょっとしんどいな」と感じる日には一度足を止めて、姿勢を正し、呼吸を整えて仕切り直すと、やがて心が安定してきたものです。山道で足場の悪さに気を取られていると、足元ばかりを見て猫背になり、呼吸は浅く、心も重苦しい状態になりました。それに気づいて姿勢と呼吸を正すと、不思議なもので、視界が開けて５～10メートル先までクリアに見えるようになります。これが、心が鎮まり集中力が研ぎ澄まされた「禅定《ぜんじょう》」の世界です。

山での修行だけでなく、みなさんの日常生活においてもこれと同じことが起こります。目の前のネガティブな要素にとらわれているとき、姿勢はゆがみ、目線は下に向き、呼吸は浅くなっているはずです。そんなときには、まず「身」＝姿勢、次に「息」＝呼吸を整えることで、心をリセットできるということを知っておいてください。

## まずは正しい立ち方をマスターしよう

歩行禅に入る前に、正しい立ち方（姿勢）を学んでおきましょう。

ウォーキングの前に、まず身につけなければいけないのが**「体幹を使って正しく立つ」**ことです。体幹とは、全身の中心軸となる部分、つまり胴体のことを言います。

身体を一本の木であるとイメージしてみてください。幹にあたるのが胴体、そこから、枝にあたる腕や脚などが伸びています。まずは、両足を軽く開き、この体幹をゆがみなくまっすぐに起こすイメージで立ってみましょう。

できれば大きな鏡の前で全身を映して、正面と横から立ち姿を確認し、70ページに掲載するイラストを参照しながら、正しく立てているかどうかをセルフチェックしてみてください。

「まっすぐに立って」と言われても、本当にまっすぐに正しい姿勢で立てる人は意外と少数です。多くの人は、左右どちらかに重心が偏っていたり、背中が丸まっていたり、逆に、背中をピンと伸ばしているつもりで腰が反りすぎていたりと、まっすぐに立っているつもりでも、どこかにクセがあるものです。

正しく立つためのコツは、体幹の筋肉をしっかりと意識することです。

体幹には、背骨を軸として、正しい姿勢をつくるために重要な筋肉が集まっています。**姿勢を維持する腹筋や背筋の筋肉群（お腹の腹直筋《ふくちょくきん》＝腹筋、背中の広背筋《こうはいきん》、肩甲骨まわりの僧帽筋《そうぼうきん》など）**、さらに、**重力をしっかり支えるお尻の筋肉（大臀筋《だいでんきん》や中臀筋《ちゅうでんきん》）**が機能することで、体幹のバランスは保たれます。

これらの筋肉を個別にトレーニングする必要まではありませんが、日常生活のなかで次のポイントを意識するだけでも、体幹は鍛えられてきます。立っているときにも座っているときにも共通する内容ですので、いつでも気づいたときに実践するようにしてください。

**❶腹筋に軽く力を入れて下腹をへこませる**
**❷左右の肩甲骨を自然に寄せて、胸を張る**
**❸腰は丸めず、反らせず、まっすぐに**
**❹左右均等に重心をかける（立っているときは、片脚に重心を寄せる「休め」の姿勢を避ける。座っているときは脚を組まない）**

以上のポイントを守ったうえで、余計な力は抜いた状態が「体幹にゆがみのない状態」です。❶～❹の意識をもち続けることで、正しい姿勢の感覚が身についてきます。

次のページでは、正しい立ち方とNGな立ち方をポイント付きのイラストでわかりやすく解説しますので、そちらを見ていきましょう。

## ◆正しい立ち方

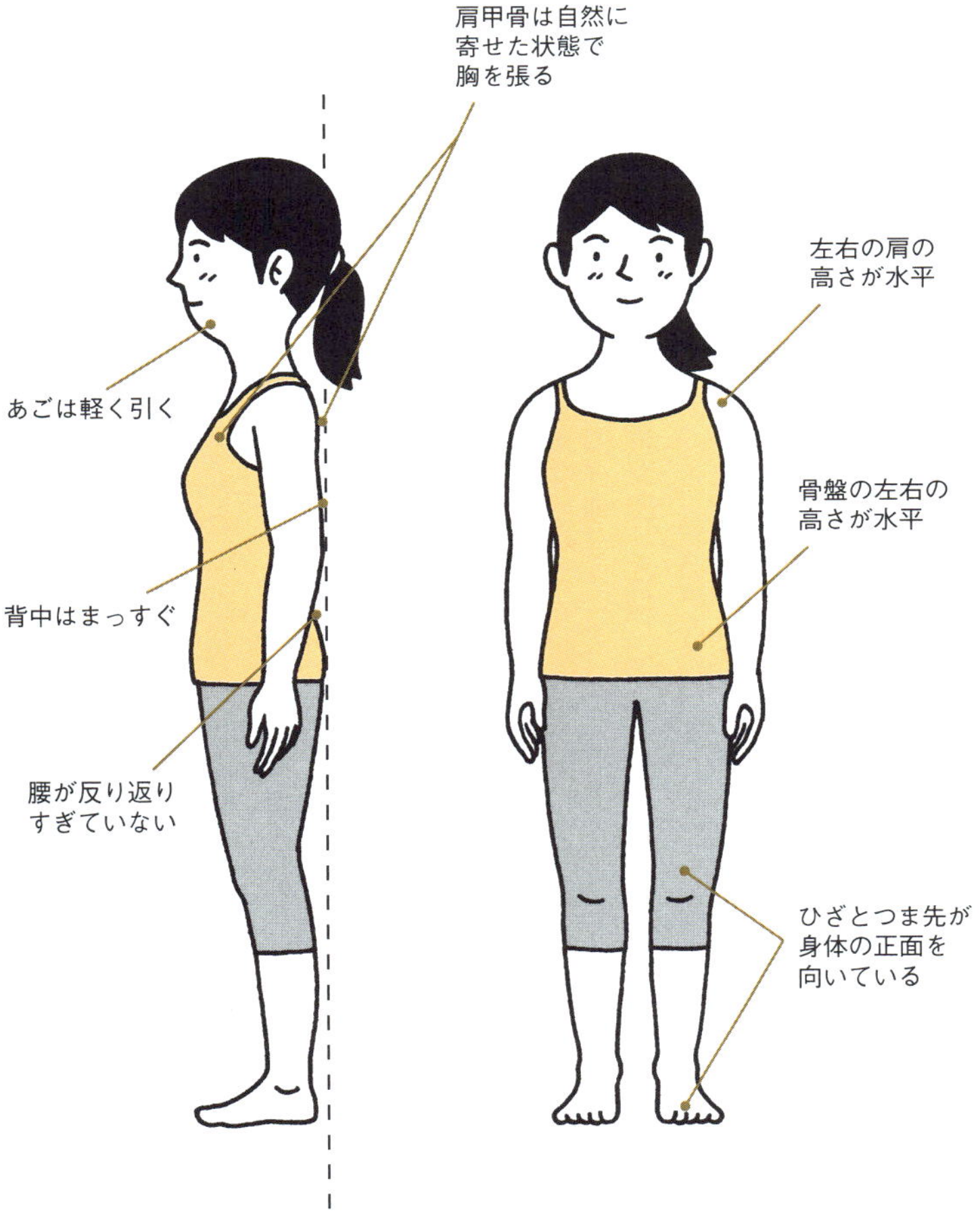

肩甲骨は自然に
寄せた状態で
胸を張る
あごは軽く引く
背中はまっすぐ
腰が反り返り
すぎていない
左右の肩の
高さが水平
骨盤の左右の
高さが水平
ひざとつま先が
身体の正面を
向いている

## ◆NGな立ち方

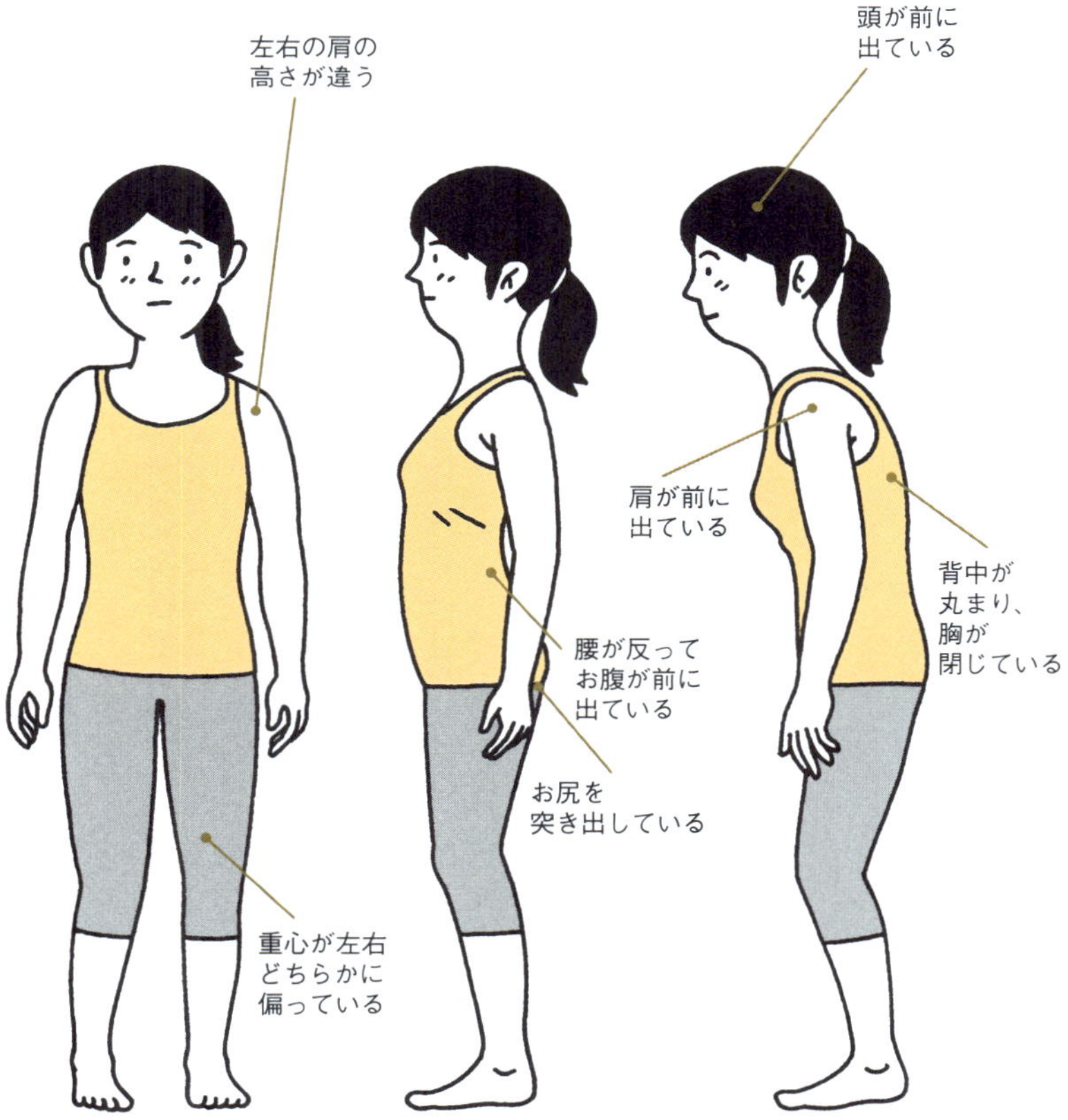


左右のアンバランス　反り腰　猫背

## 歩行禅の効果を高める正しい歩き方

正しい姿勢と立ち方をマスターしたら、次に正しい歩き方を学びましょう。ここでも、キーワードは「体幹」です。

背中にある肩甲骨や、お腹の腹筋、腰からお尻にかけての骨盤など、**体幹を充分に使って歩くことで、運動効率がよく、かつ気持ちよく続けられるウォーキングが可能になります。**

よく、ウォーキングの習慣を取り入れてみたものの「ひざが痛くなった」とか「ふくらはぎが張ってつらくなる」という声が聞かれます。こうしたトラブルの原因は、往々にして、歩き方が間違っていることにあります。

もちろん、加齢による筋力低下、関節の衰えなどの問題もあるでしょう。しかし、そういう人ほど、正しい歩き方を実践することが大切です。

まずは、多くの人にありがちなNGな歩き方を挙げてみましょう。普段、自分の歩き方が次のどれかに当てはまっていないか、チェックしてみてください。

### ★NGな歩き方①　猫背歩き

朝から晩までデスクワークに従事している人や、スマートフォンやパソコンを使う時間が長い人は、歩くときにも猫背姿勢になりがちです。猫背の人は、背中が丸まっているだけでなく、肩と首も前に出ています。この歩き方では、首や肩のこり、腰痛、太ももの筋肉痛などのトラブルを引き起こしやすいと言えます。

【改善策】**背中を伸ばして、肩甲骨を中央に寄せて胸を開き、腕を大きく振りながらテキパキと歩くことを心がけてください。**また、69ページに挙げた❶〜❹のポイントを心がけて、体幹の強化をはかりましょう。

### ★NGな歩き方②　反り腰歩き

女性に多い歩き方で、一見すると背筋が伸びた姿勢なのですが、腰が反りすぎているのが問題です。「よい姿勢」を意識しすぎている人や、腹筋が弱い人が陥りがちなNGパターンだと言えるでしょう。

この姿勢でウォーキングを続けると、腰痛を引き起こします。また、ひざの関節に負担をかけるため、ひざの痛みが慢性化することもあります。左右どちらかに重心が偏っている場合には、偏っているほうのひざに痛みが出るはずです。

【改善策】　まず、70ページの「正しい立ち方」を参考にして、**腰を反らさずに胸を張る感覚**をつかんでください。同時に、69ページに挙げた❶～❹のポイントを日々心がけることで、**腹筋をはじめとする体幹の強化**をはかりましょう。

## ★NGな歩き方③　がに股歩き

左右のひざが外向きに曲がっている歩き方です。軽度の場合は自分ではなかなか気づきにくいものですが、靴のかかとの部分だけ極端に減りが早い人は、がに股気味の歩き方をしている可能性があります。また、柔道などの格闘技経験者の男性に多い歩き方だとも言われます。

女性の場合には、骨盤が開いていて、ひざだけでなく脚のつけ根から開いてしまうことでこの歩き方になるケースが多いようです。これは男性にも同じことが言えますが、電車などで座る際に、無意識のうちにひざが開いてしまう（ひざを閉じて座れない）という人は要注意です。

この歩き方を続けると、ひざや股関節に負担がかかってしまいます。

**【改善策】** 歩くときには、**常につま先をまっすぐに正面へ向けて出すように気をつけましょう。**また、重心が左右の外側にかかっている場合もあるので、体幹のバランスを意識しながら、**足の裏全体をしっかりと地面に着地させるイメージで歩く**ことも大切です。

## ★NGな歩き方④　傾き歩き

左右どちらかに重心が偏っている、アンバランスな歩き方です。どちらか特定のほうに傾くクセがある場合が多いようです。人間には利き腕や利き脚があるため、少々の左右の傾きは誰にでもあるのですが、それが極端だと歩き方にも支障が出ます。

この悪癖も自分では気づきにくいのですが、靴のかかとの減り方をチェックしてみてください。左右のどちらか一方だけ早く減るという人は、そちらの側に常に重心がかかっているということです。

この状態で長時間歩くと、負担のかかっているほうのひざや足首などに痛みを引き起こすおそれがありますので、日常生活のなかで左右のバランスの悪さを矯正していく努力が必要です。たとえば、脚を組むクセのある人は、いつも同じほうの脚を上にしていないか振り返ってみてください。身体のバランスを保つためには、そもそも脚を組まないことがいちばんなのですが、どうしても組みたくなってしまう場合は左右交互に組み直すなどの工夫をしましょう。

【改善策】　まずは、全身を鏡に映しながら70ページの「正しい立ち方」を確認してまっすぐ立つ感覚をつかんでください。そのうえで、**歩くときには左右の脚に体重を均等にのせるように意識しましょう。**荷物をもって歩くときには、腕や肩を同じ側ばかり使うのではなく、左右交互に持ち替えて、負担を分散させてください。

### ★NGな歩き方⑤　ひざ曲げ歩き

ハイヒールを履いている女性に非常に多い、ひざの曲がった歩き方です。ハイヒールは足の裏に均等に体重をかけることが難しく、どうしてもつま先に重心が偏りやすくなります。すると、足の裏と脚全体を使って歩を進めるようなのびのびとしたウォーキングができなくなるのです。

この歩き方は、ウォーキングが苦になるばかりか、ひざに非常に大きな負担をかけてしまいます。ヒールが高ければ高いほど、バランスを取るための負担がひざにかかってしまうことを知っておきましょう。

ヒール靴の常用でひざ曲げ歩きがクセになると、ひざの軟骨がすり減る関節症や、ふくらはぎの張り、腰痛などさまざまなトラブルの原因となります。通勤時間を利用して歩行禅をおこなう場合は、ウォーキング時には運動靴やフラットシューズを使用し、必要に応じてヒールのある靴に履き替えるなどの工夫をしていただきたいと思います。

なお、このひざ曲げ歩きは、運動不足の人や、筋力の低下したお年寄りにも多い歩き方です。正しい歩き方をマスターすれば、体幹の強化と筋力アップで老化防止にもなりますので、ぜひ今日から取り組んでください。

【改善策】　この歩き方がクセになっている人は、歩くときにまず、ひざを最初に前に出す感覚になっているはずです。**ひざではなく太もも全体をしっかり上げ、かかとからしっかり着地して、足の裏全体に体重をかけながら歩きましょう。**ある程度の時間を歩くときには、必ずヒールの低い靴を履くようにしてください。

自分の歩き方の悪い点をチェックしたところで、正しい歩き方のハウツーを学んでいきましょう。正しく歩くための重要なポイントは、次の5つです。

**❶正しい姿勢と体幹を意識する**
**❷肩甲骨をしっかり動かして腕をうしろに引く**
**❸骨盤と一緒に脚を前に出す**
**❹かかとから着地する**
**❺かかとから拇指球《ぼしきゅう》へと重心移動させる**

では、5つのポイントを順に解説していきましょう。

## ◆正しい歩き方

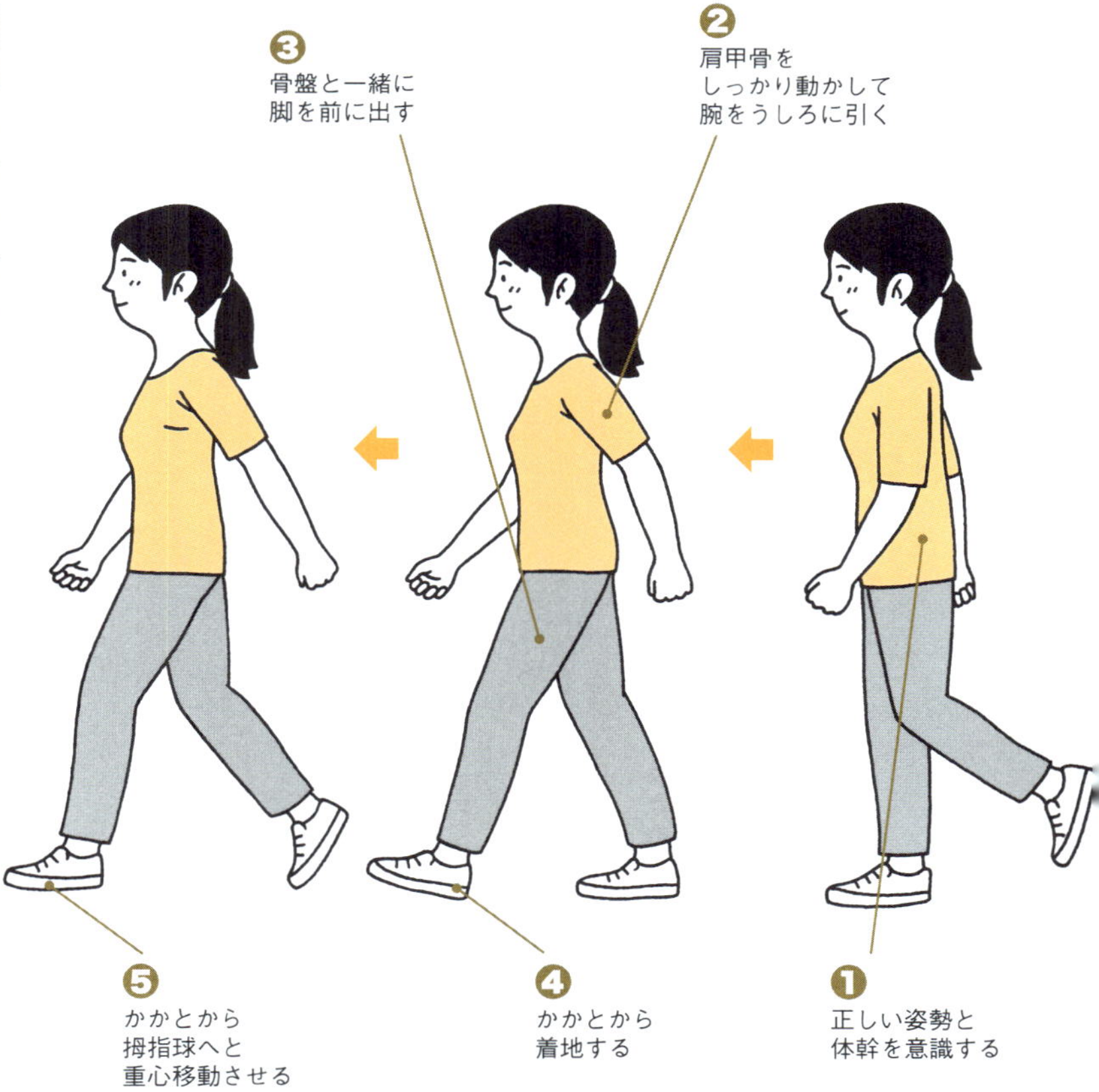
❸
骨盤と一緒に
脚を前に出す
❷
肩甲骨を
しっかり動かして
腕をうしろに引く
❺
かかとから
拇指球へと
重心移動させる
❹
かかとから
着地する
❶
正しい姿勢と
体幹を意識する

## ❶正しい姿勢と体幹を意識する

歩きはじめる前に、70ページの「正しい立ち方」をおさらいしましょう。腹筋に軽く力を入れて下腹をへこませ、左右の肩甲骨を自然に寄せて胸を張り、腰は丸めたり反らせたりせずまっすぐに、そして、左右の偏りをなくすように均等に重心をかけて、足の裏全体を使ってしっかり立ってください。

この状態で、余計な力を抜いてリラックスします。

## ❷肩甲骨をしっかり動かして腕をうしろに引く

歩く動きの始点となるのが、腕振りです。ただし、腕を前後に「振る」というよりは、**左右の肩甲骨をしっかり使ってうしろに「引く」イメージ**で動かしてください。

なお、ひじを曲げるかどうかは歩く速さによります。ピッチの速いウォーキングの場合にはひじを軽く曲げたほうが腕を振りやすく、スピードアップしやすいでしょう。一方で、通勤・帰宅時や買い物の行き帰りなど、普通に歩くときにはひじを伸ばしたままでもＯＫです。

### ❸骨盤と一緒に脚を前に出す

肩甲骨が動くと、それに連動して骨盤も動きます。腕を引いたほうと同じ側の骨盤が前に出て、脚も一緒に前に出るしくみになっているのです。

**骨盤から前に出すイメージで、脚全体を使って一歩を踏み出しましょう。**ひざを使って脚を前に出すのは、足腰の故障にもつながる悪い歩き方です。骨盤から下を大きく使うフォームを身につけましょう。

### ❹かかとから着地する

前に出した脚の、かかとから着地します。❸で、**骨盤の動きとともにしっかり脚が前に出ていれば、着地の際に最初に地面に着くのはかかとになります。**このとき、つま先が外を向いたり内を向いたりせず、まっすぐ正面を向くように意識しましょう。これがきちんとできていないと、ひざや股関節に負担がかかり、痛みなどの不調の原因となります。

なお、前述のようにハイヒールをよく履く女性や運動不足の人などは無意識のうちにつま先からの着地がクセになっていることが多いものです。心当たりがある人は、一歩ごとに**「かかとからの着地」**をしっかりと意識するようにしてください。

### ❺かかとから拇指球へと重心移動させる

歩くときの重心移動は、普段はあまり意識していないかもしれませんが、これも重要なポイントです。着地したら、足の真上にすばやく上半身をのせるイメージで身体を前に出します。これにより、体幹の軸がまっすぐなまま保たれます。そのまま、**かかとから拇指球（親指の付け根の下にある、ふくらんだ部分）に向けて体重を移動させていきましょう。**

最後に、拇指球でしっかりと地面を押すと、同時に反対側の骨盤と脚が前に出ているはずです。以下、❶をキープしながら❷～❺の繰り返しとなりますが、ポイントを押さえてリズミカルに歩けば、自然と正しい流れが体得できます。

歩くことは老若男女、誰もがごく当たり前にできる動作だけに、その基本はどうしても軽視されがちです。実際、堅苦しいことを考えなくても実践できるのがメリットでもあるのですが、正しい歩き方さえ身につければ、苦痛を感じることなく、楽しくウォーキングが実践できるようになります。それが「もっと、もっと歩きたい」というようにモチベーションの向上にもつながりますし、歩行禅に限定して言えば、ウォーキング中におこなう**「ごめんなさい」や「ありがとう」の瞑想に集中しやすくなる**という利点もあるのです。

また、ルーティン化するうえでも、苦痛がなく、楽しい気持ちで実践できることは非常に大切な要素となります。

**体幹にゆがみのない姿勢でおこなう正しいウォーキングは、歩行禅の効果を倍増させます。**加えて、歩行禅以外の時間にも常に正しい姿勢をキープできていれば、前述のとおり、「身息心」の流れで自然と心も整ってきます。

正しい姿勢は、いわば、ポジティブな心の素地、あるいは土台のようなものです。歩行禅をおこなうときに限らず、どんなときも背筋の伸びたゆがみのない姿勢を意識するようにしてください。

## 歩行禅における3つのステップ

さて、正しい姿勢での立ち方と歩き方をマスターしたところで、「身息心」の原則を思い出しながらさっそく歩行禅を実践してみましょう。基本となるのは、次の３ステップです。

**ステップ1【懺悔の行】　歩きながら「ごめんなさい」を唱える**
**ステップ2【感謝の行】　歩きながら「ありがとう」を唱える**
**ステップ3【坐禅の行】　瞑想して、いまの自分と向き合う**

具体的なやり方や注意点などはこのあとに説明していきますが、まずは全体の流れを押さえておきましょう。

最初のステップは、**自分が「懺悔」すべきことを思い出しながらのウォーキング**です。姿勢を正し、呼吸を整え、リズムよく歩きながら、自分の犯した過ちや失敗、反省すべきこと、誰かに対して謝らなければいけないことをすべて洗い出します。心のなかで「ごめんなさい」と唱えながら、思いつく限りの懺悔や反省をしてください。

次のステップは、**「感謝」すべきことを思い浮かべながらのウォーキング**です。懺悔のときと同じように、姿勢を正し、呼吸を整え、リズムよく歩きながら、自分を支え生かしてくれている、ありとあらゆるご縁と存在に思いを馳《は》せましょう。心のなかで「ありがとう」と唱えながら、思いつく限りの感謝をしてください。

最後のステップは、坐禅の時間です。静かに落ち着ける場所で、坐禅を組み、姿勢を正し、呼吸を整えてから瞑想に入ります。**いまの自分に与えられた環境とご縁、いまの自分が置かれている状況、いまの自分が歩んでいる人生と向き合い、客観的にとらえ直すことで、心の針のバランスを調整する**のです。

以上のステップ1〜3は、必ずしも、まとまった時間のなかで連続して実践する必要はありません。

たとえば、朝の通勤時間にステップ1【懺悔の行】を、仕事を終えた帰宅途中にステップ2【感謝の行】をおこない、就寝前のひとときにステップ3【坐禅の行】をおこなうなど、実践する時間帯がバラバラになってもまったく問題ありません。

すでにウォーキングの習慣がある人なら、いつものコースの往復にステップ1とステップ2を振り分けてもいいでしょう。買い物の行き帰りに実践するのでもかまいません。いつも自転車を使っているのであれば徒歩にしてみるなどして、ご自身のライフスタイルに合わせて、日常生活のなかで意図的に「歩く時間」を設けてください。

それにプラスして、一日のうちに5分でも10分でもかまいませんから、坐禅の時間を組み込んでください。

先ほど、連続してこなす必要はないと言いましたが、ステップ1~3は「3つで1セット」です。**この3ステップを時間はバラバラでもよいので、毎日のルーティンとしておこなうことが肝心です。**

ルーティン化しやすくするためのコツは「日々の規則正しさ」にありますから、先ほど述べたように各自の生活パターンと上手に組み合わせて、無理のない習慣として定着させていただきたいと思います。一人では続けられないという方は、誰か仲間をつくって、二人で実践してみるのもおすすめです。また、夫婦で実践しても面白いかもしれません。

それでは次項から、各手順のやり方を詳しくご説明していきましょう。

## ステップ1【懺悔の行】 歩きながら「ごめんなさい」を唱える

歩行禅をはじめる前に、「身息心」の順番を思い出してください。

まずは、姿勢を整えます。肩の力を抜いて、背筋を伸ばし、あごを軽く引いてください。腰が反りすぎないように注意して、耳と肩とくるぶしの位置が一直線上になるようなイメージで立ってください。

姿勢が定まったら、ウォーキング開始です。やや速歩で歩きながら、**自分がこれまでに犯してしまった罪や、反省すべきことを思いつく限り挙げていってください。**

「あのとき強く言いすぎて、相手を傷つけてしまったかもしれない」

「知らず知らずのうちに、誰かに不快な思いをさせていないかな」

「身近な人に大きな心配をかけてしまったな」

「小さな嘘をついてしまったな」

「ほかにもなにか、うしろめたくなるような悪いことをしなかったかな……?」

このように、ひたすら反省と自問自答を重ねていきましょう。

昨日の一日を思い出しながら反省するのでもかまいませんし、これまでの人生を振り返って罪悪感を抱いた出来事を思い返してみるのでもかまいません。心で「ごめんなさい」と繰り返し唱えながら歩き、懺悔に集中してください。

ウォーキングの際に守ってほしいポイントが、二つあります。

一つめは、**誰かとおしゃべりをしない**こと。たとえば夫婦そろってのウォーキングが日課で、そこに歩行禅を取り入れたいという場合は、歩いている最中はお互いに話しかけずに各自が「ごめんなさい」に集中するようにしてください。千日回峰行もたった一人で挑む修行で、山を歩いているときは決して人と言葉をかわしてはならないという決まりがありました。誰かと一緒だと、どうしても気が散りやすくなりますから、二人以上での歩行禅のときには注意してください。

二つめは、**だらだらと歩かずに、リズミカルに、やや速歩で歩く**こと。ご自分の体力や体調に合わせたスピードでよいのですが、だらだらと歩くよりはテキパキと歩を進めるほうが、姿勢や呼吸が保ちやすいのです。

歩く時間や距離については、とくに決まりはありません。理想を言えば、「ごめんなさい」に集中しながら10～15分以上のウォーキングができれば上々ですが、ルーティン化できるのなら5分足らずの短い時間でも結構です。まずは自分が続けやすい距離で実践してください。また、日によって歩く距離やコース、時間帯などに違いがあってもかまいません。**細かいルールを決めてそれを守ろうとするよりも、「毎日続けること」のほうがずっと重要です。**そのことを覚えておいてください。

### ★ステップ1【懺悔の行】やり方のまとめ

①背筋を伸ばし、呼吸を深くする
②「ごめんなさい」と懺悔すべきことを思い浮かべながら歩く

### ★ステップ1【懺悔の行】やり方のコツ

＊歩く距離や時間は自由
＊だらだら歩かず、テキパキ歩く
＊人とおしゃべりしながらはNG
＊雑念を払って「ごめんなさい」に集中する
＊自分の過ち、誰かに迷惑をかけたことなどの反省をできる限り思い出す

## ◆懺悔の行

背筋を伸ばして姿勢を整え、深く呼吸しながらリズムよく歩きはじめます。そして、「ごめんなさい」と自分が懺悔や反省すべきことをできる限り心に思い浮かべながら、ウォーキングを続けましょう。

## ステップ2【感謝の行】歩きながら「ありがとう」を唱える

ステップ1の【懺悔の行】のウォーキングを終えたら、次におこなうのは「ありがとう」のウォーキングです。ステップ1の直後（復路）でも、あるいはしばらく間をおいて、別の時間帯におこなうのでもかまいません。

基本的なやり方はステップ1と同様です。ステップ2では、懺悔や反省のかわりに**感謝の気持ちを思い浮かべ、心のなかで「ありがとう」と唱えながら歩いてください。**

このステップでも「身息心」の基本を守り、正しい姿勢と深い呼吸を保ちながらウォーキングを開始しましょう。

やや速歩でリズムよく歩きながら、自分を取り巻くあらゆる人、あらゆるご縁、環境に思考をめぐらせて、**「ありがとうございます」と感謝したいことをできる限りたくさん、思い浮かべてください。**

「お母さん、今日も笑顔で送り出してくれてありがとう」

「いつも明るく接客してくれるコンビニの店員さんに感謝」

「仕事があり、毎月お給料をいただけることがありがたい」
「毎日、三度の食事と寝る場所に困らないのは、なんと幸せなことだろう」
「生命の源である、空気や水や太陽の光、そしてこの地球に感謝します」
どんなに強がっても、私たち人間は決して一人の力だけでは生きていくことはできません。多くの人々に助けられ、世の中のしくみに支えられながら、大自然や宇宙の絶妙なバランスによって生かされている存在であることを思えば、感謝すべき対象は際限なく出てくるはずです。

今日や昨日を振り返ったり、ときにはこれまでの長い人生の道のりを思い返したりしながら、心で「ありがとう」と唱えて歩きましょう。

歩く距離や時間、タイミング、コースなどは、ステップ1と同様にあなたの自由です。ご自身の生活スタイルに合わせ、無理なく続けられる形で習慣化させてください。

また、ステップ1で挙げた2つのポイント——**「誰かとおしゃべりしないこと」**と**「だらだら歩かず、やや速歩で歩くこと」**は、ステップ2でも守るようにしてください。

★ステップ2【感謝の行】やり方のまとめ

①背筋を伸ばし、呼吸を深くする

②「ありがとう」と感謝できることを思い浮かべながら歩く

★ステップ2【感謝の行】やり方のコツ

＊歩く距離や時間は自由

＊だらだら歩かず、テキパキ歩く

＊人とおしゃべりしながらはＮＧ

＊雑念を払って「ありがとう」に集中する

＊感謝の対象はどんなものでもＯＫ

## ◆感謝の行

ステップ1【懺悔の行】と同様に、正しい姿勢と深い呼吸を保ちながらリズムよく歩きます。「ありがとう」と感謝すべき人や物事をできる限り心に思い浮かべながら、ウォーキングを続けましょう。

## ステップ3【坐禅の行】瞑想して、いまの自分と向き合う

「ごめんなさい」と「ありがとう」のウォーキングを終えたら、最後に、次の手順で坐禅を組みます。おこなうタイミングや時間帯はいつでもかまいませんが、夜、就寝前の習慣にすると毎日続けやすいと思います。**習慣化の秘訣としては、いま実践している習慣に合わせておこなう**ことです。たとえば、就寝前に歯みがきする習慣があれば、その前に坐禅の行を実践するといった具合です。

### ★手順① 環境を整える

まずは、誰かに邪魔されることなく静かに集中できる環境を整えてください。テレビや騒がしい音楽は消して、携帯電話やスマートフォンの通知音もオフにするなど、気が散ってしまいそうな外部刺激はできる限り排除しておきましょう。また、暑すぎたり寒すぎたりしても集中できませんから、エアコンをつけている場合は設定温度や風量、風向きが気に障らないようにあらかじめ調整しておくとよいでしょう。

## ★手順② あぐらを組み、手で円を作る

次に、腰を落ち着けられる場所を確保して、あぐらを組んで座ります。

このとき、二つ折りにした座布団や厚みのあるクッションをお尻の下に敷くと、身体が楽になり、姿勢が安定しやすいでしょう。**座布団やクッションには〝お尻だけ〟をのせて、太ももとひざは敷物の外に出すのがポイントです。**

あぐらの組み方は、右足の甲を左ももの上に、左足の甲を右ももの上にのせる**「結跏趺坐《けっかふざ》」**が正式な形です。私たちお坊さんはこの形で坐禅を組みますが、一般の方なら略式の**「半跏趺坐《はんかふざ》」**でもよいでしょう。半跏趺坐は、あぐらを組んで、片方の足の甲をもう片方の太ももの上にのせる座り方です。上にするのは右足でも左足でも、自分がのせやすいほうの足でかまいません。

あぐらを組んだら、左手の掌《たなごころ》の上に右手をのせて、両手で軽く円の形を作ります。これを、おへその下のあたりで自分の置きやすい位置にもってきてください。

**坐禅の最中は、この円窓《えんそう》を保つようにします。**思考が散漫になっているときや眠気に襲われているときには、必ず円の形が崩れています。いわば、雑念に気づくためのバロメーターというわけです。

## ◆坐禅

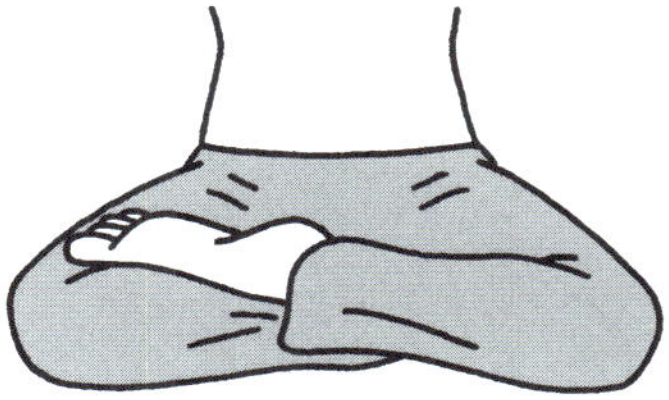

半跏趺坐

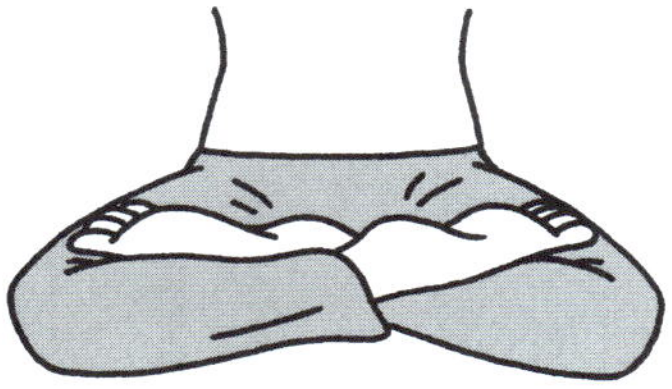

結跏趺坐

両手で軽く
円の形を作る

太ももとひざは
敷物の外に出す
お尻の下に座布団か
クッションを敷く

## ★手順③　姿勢を正す

前後左右の中心を定め、姿勢のバランスを取ります。

背筋を伸ばし、あごを軽く引いて、腰を支点とするイメージで上半身を前後に揺らします。このとき、頭だけを振るのではなく、腰から上の上半身全体を使うようにしてください。

最初はゆっくりと大きく、振り子のように揺らします。そこからだんだんと振れ幅が小さくなっていき、自然に止まったところが前後の中心です。

同様に、左右の中心を定めます。

前後のときと同じ要領で、腰を支点に大きく左右に上半身を揺らしましょう。自然に止まったところが左右の中心です。

前後左右の中心がすなわち、身体の中心となります。**頭、耳、肩、腰が一直線上にそろっている**はずです。背筋を伸ばし、腰を反らせすぎないようにして胸を張り、姿勢を保ちつつも、肩の力を抜いてリラックスしてください。

◆姿勢を正して、身体の中心を探す

腰から上の上半身を、前後と左右に振り子のように揺らす方法で、体の中心（軸）を定めます。中心が定まったら、もう一度姿勢を正し、肩や腕の余分な力を抜いでリラックスしましょう。

## ★手順④　呼吸を整える

さあ、身息心の「身」が整いましたので、次は「息」です。

自分のなかに溜まっている邪気をすべて外に出すようなイメージで、口から「はぁーっ」と体内の息を吐き切ります。

次に、よい気、よいエネルギーを新しく取り入れるイメージで、鼻から「すーっ」と深く空気を吸い込みます。

このあとは、自分の楽なペースでゆったりと呼吸を繰り返してください。

呼吸は自分のやりやすい方法でよいのですが、ぜひ、お釈迦様も実践していたという**「丹田《たんでん》呼吸」**をマスターすることをおすすめしたいと思います。

私たちは普段、胸からお腹のあいだで呼吸をしています。怒ったり、緊張やストレスを感じたりすると呼吸はさらに浅くなり、肩から胸で息をするようになります。いわゆる〝息が詰まった〟状態です。

これに対し丹田呼吸は、**おへそより下の下腹を意識しておこなう深い呼吸法で、身体の緊張を解き、自律神経のバランスを整えて精神を安定させる効果がある**と言われています。

丹田について、柔道や合気道、空手などの武術をやったことのある人は耳にしたことがあるかもしれません。丹田とは、内臓や筋肉のように人体構造のなかに実在する部位ではなく、意識して感じる場所です。

目安となるのは、**おへそから下へ指3本分ほど（約5センチ）の位置**ですが、身体の表面ではなく、体内の深くに存在しているとイメージしてください。身体の内部にある中心点、体幹の軸となる場所が丹田です。

丹田の場所がイメージできたら、次の流れで丹田呼吸をやってみましょう。

①息を吐く……目を閉じて、身体のなかにある空気をすべて吐き出します。

②鼻から息を吸う……足の裏にある「湧泉《ゆうせん》」というツボ（土踏まずの上部中央、足でグーをしたときに足裏でいちばんへこんでいるところ）からフレッシュな空気を身体全体に取り入れるイメージで、細く長くゆっくりと鼻から息を吸います。

③息のめぐりを意識する……ゆっくりと息を吸っている間、フレッシュな空気が全身をめぐる様子をイメージします。足の裏から、ひざ、太もも、股関節を通り、丹田を経由して上半身へ。背中側から、尾てい骨、腰、背骨、首、後頭部を通っ

て、頭のてっぺんにある「百会《ひゃくえ》」というツボに達します。
④息を止める……空気が百会に達したのをイメージしたら、いったん息を止めて、おでこから目、鼻、口、のど、胸、みぞおち、お腹、そして丹田までゆっくりと空気を流していくイメージをします。
⑤息を吐く……空気の流れが丹田に届くまでイメージしたら、ハーッとゆっくり息を吐きます。

すこし難しく感じるかもしれませんが、**ひとまずは「丹田を意識しながらゆっくりと深い呼吸をする」という程度でもかまいません。**正しいやり方にこだわりすぎて坐禅に集中できなくなるようでは本末転倒ですので、ちょっとした空き時間に丹田呼吸の練習をして、コツをつかんでおくことをおすすめします。

坐禅の時間はもちろん、ステップ1、2のウォーキングのときにもこの丹田呼吸を意識すれば、より高い効果が得られるでしょう。

## ◆丹田呼吸のやり方

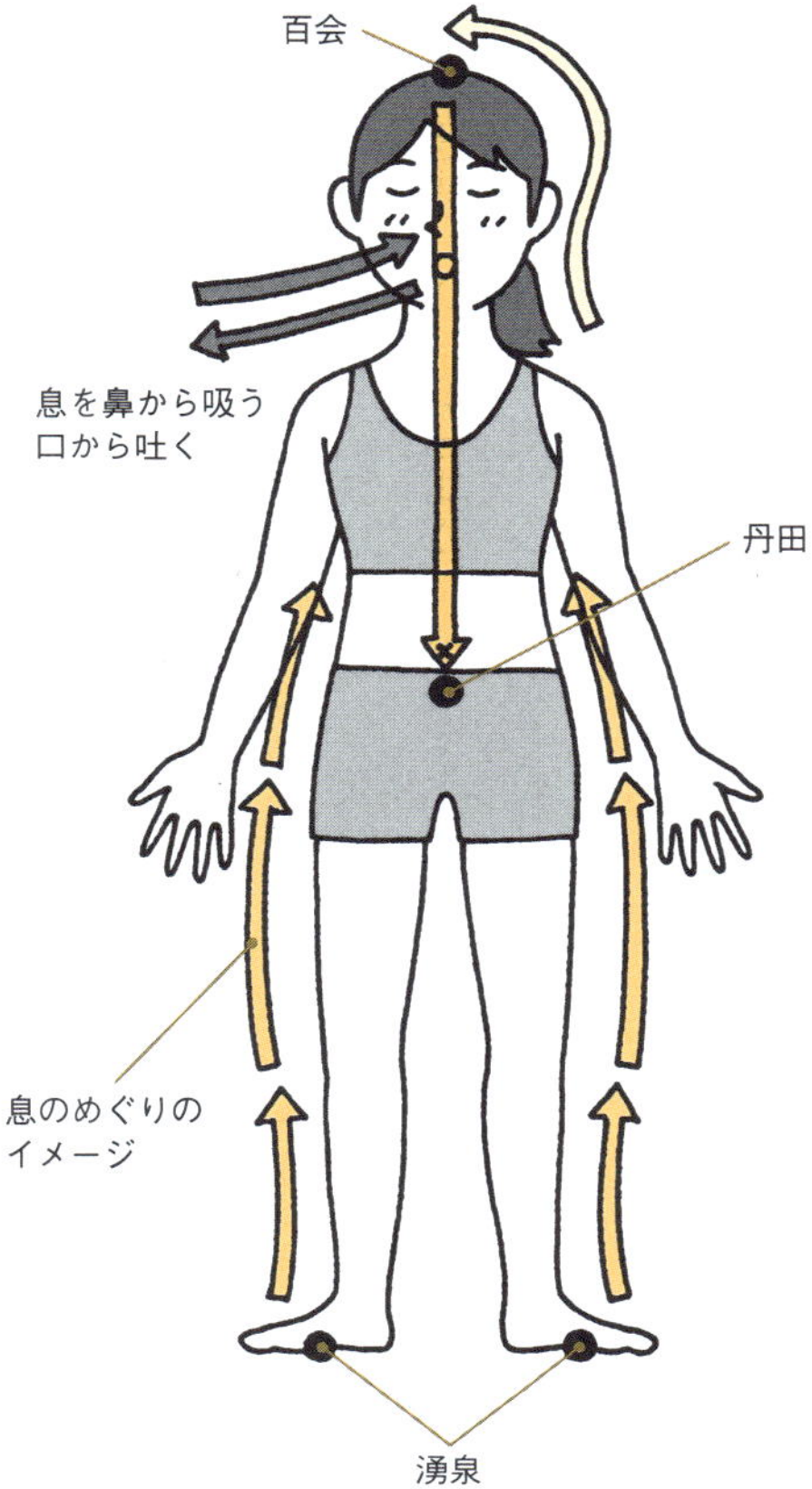


鼻から吸った息が全身をめぐり、丹田にまで届く
ようなイメージで、ゆったりと深く呼吸をします。

## ★手順⑤　禅定に入る

姿勢の軸を正し、手をきれいな円窓に保ち、目を閉じて、ゆったりと深い呼吸を繰り返す。このように「身」と「息」が整いましたら、いよいよ禅定に入ります。

専門的には、禅には何種類かのやり方が存在します。無念無想でおこなうものや、呼吸に合わせて「1、2、3、4……」と数を数え、10まで至ったら再び1から数えていくという方法を続けるもの（数息観《すそくかん》）、お師匠さんから悟りを開くための課題を与えられて禅問答を繰り返すもの（公案禅《こうあんぜん》）など、宗派によって異なるのですが、この歩行禅では、一般のみなさんにも実践していただきやすく工夫したオリジナルの方法を提唱したいと思います。

**坐禅を組みながら、いま自分が置かれている状況に思いをめぐらせてください。**シンプルですが、基本はこれだけです。

自分が置かれている環境と向き合いましょう。自分に与えられたご縁、出会えた人と向き合いましょう。自分の人生と向き合いましょう。**心を鎮めながら、自分自身を客観的に見つめ、あらゆる存在に対して敬意を払うための時間を作っていただきたいのです。**

私たちは、いま自分が直面している現実を見つめるとき、ついつい不平不満ばかりにフォーカスしてしまいます。現状が100点満点中20点の人は足りない「80点」を嘆きますし、100点満点中80点の人も、及ばぬ「20点」にとらわれがちです。しかし、与えられた環境と条件のなかで精いっぱい生きる以外に、前に進む方法はないのです。

まずは現実を直視して、それを受け止め向きあうことから未来は開けていきます。自分に与えられた条件がどれほど悪くても、それで心を定め、1点1点を重ねていくのみです。100点満点のうち、悪条件が多すぎて、プラスの要素が一つも見当たらないと感じている人もいるかもしれません。「自分には才能がない、仕事もない、お金もない、家族もいない、心を許せる友達もいない……」と、ないないづくしであったとしても、持ち点が「0点」ということはあり得ません。私たちは生きているからです。**命があるという、すばらしい条件が一つ与えられていることに気づいてください。**

「自分と向き合うといっても、具体的にどのようなことを思い浮かべたらいいのかわからない」と、戸惑う人も多いかもしれません。こういった声に対する救いの手として、のちの項目に、思考のヒントにしていただけるような説法をまとめました（123ページから）。その内容も参考にしながら、坐禅に挑戦してみてください。

## ◆いま自分が置かれている状況に思いをめぐらせる

正しい姿勢を保ち、目を閉じて、ゆったりと深い呼吸を繰り返しながら瞑想に入り、いま自分が置かれている環境に思いをめぐらせます。雑念に気づいたらその都度、思考の内容をもとに戻しましょう。

## ★手順⑥　5～10分ほど坐禅を続ける

坐禅を組む時間は、5分でも10分でもかまいません。自分にとって無理なく、心地よく瞑想できる長さでおこなってください。

ただし、あまりにも短すぎると心を整える効果が得られにくくなってしまいますので、**初心者の場合、まずは「最低でも5分」を目標にしてみましょう。**

もちろん、たっぷり時間をとっていただいてもよいのですが、「長いなあ」「もう嫌だな」と苦痛に感じてしまうようでは意味がありません。ウォーキングの時間や距離と同じように、自分が無理なく継続できる〝ちょうどよい塩梅《あんばい》〟を探してみてください。お休みの日など、時間に余裕のあるときには20分や30分と普段より長めの坐禅に挑戦してみるのもおすすめです。

タイマーやアラームを使ってきっちりと正確に計る必要はありません。自分の体内感覚にしたがった、おおよその長さで結構です。また、最初から目標時間を決めておこなうのではなく、実際にやってみて「このくらいでいいかな」と満足したら切り上げるという方法でも問題ありません。

今日より明日、明日より明後日と、すこしでも質のよい坐禅にしようという気持ちだけは忘れないようにしてください。**質のよい坐禅とはすなわち、雑念が少なく、集中できている状態を指します。**

また、あまり凝りすぎないことも肝心です。**正しい形にこだわりすぎると嫌になってしまいますので、完璧を追求しすぎず、楽な気持ちで日々の習慣にしてください。**

### ★手順⑦　静かに目を開け、身体をほぐして終了

禅の時間を終えるときには、ゆっくりと静かに目を開けます。深呼吸をして、肩をほぐし、両手をマッサージし、あぐらを崩して足もマッサージして、身体が充分にほぐれたら終了です。

一連の流れは、初めて挑戦するときには少々難しそうに思えるかもしれませんが、実際にやってみて、身体で理解してしまえば簡単なものです。すべてにおいて厳密さ、正確さを求めすぎずに、「習うより慣れよ」のつもりで気軽に続けてみてください。

### ◆最後に身体をほぐすのを忘れないように

坐禅の時間を終えたら、ゆっくりと静かに目を開けましょう。深呼吸し、あぐらを崩してリラックス。手足や肩をマッサージしたりストレッチしたりして、身体を充分にほぐしたら終了となります。

★ステップ3【坐禅の行】やり方のまとめ

手順① 環境を整える
手順② あぐらを組み、手で円を作る
手順③ 姿勢を正す
手順④ 呼吸を整える
手順⑤ 禅定に入る
手順⑥ 5〜10分ほど坐禅を続ける
手順⑦ 静かに目を開け、身体をほぐして終了

★ステップ3【坐禅の行】やり方のコツ

＊結跏趺坐または半跏趺坐で坐禅を組む
＊禅の時間は自分のやりやすい長さで
＊時間は正確に計らなくてもＯＫ
＊静かな落ち着いた空間でおこなう

# 歩行禅の疑問を解消する「一問一答」

ここまで、歩行禅のハウツーについてお伝えしてきました。

少々大変そうに思えても、いざ、やってみると簡単な手順ばかりですから、まずはあまり細かいことは気にせずに、とにかく「実践」してみてください。一読しただけではイメージしにくい部分があったとしても、実際に身体を動かしてみることで「こういうことか」と腑に落ちるはずです。

それでも、実際に歩行禅をおこなっていくうえで、疑問や、よくわからないこと、「これでいいの?」と迷うことが出てくると思います。ここからは、体験者からよく出る質問を紹介しながら、一問一答形式でお答えしていきましょう。歩行禅を習慣化するための大事なヒントが見つかると思います。

## Q1 歩行禅は、必ず毎日やらないといけませんか？

**A1** 歩行禅は、たまにサボったからといって効果が台無しになるものではありませんが、序章でもご説明したようにルーティンをこなすこと自体に意味がありますから、やはり、**できる限り毎日続けていただきたい**と思います。

もちろん、千日回峰行とは違いますので、怪我をしても病気になっても途中でやめてはいけないという決まりはありません。しかし、「今日は雨だから」「寒いから」という程度でサボることが続くと、怠け癖がついてしまいます。

また、雨だから、寒いからこそ得られる気づきもあります。天候ごと、あるいは季節ごとに自然の表情を感じ、その折々の状況を受け入れながら歩きましょう。都会でも、街路樹や路傍の草花、空気、お天道様やお月様の存在を意識して、大自然と調和しながら歩くイメージを大切にしてください。

体調が悪いときには、決して無理をする必要はありませんが、万全でないからこそ気づけることもあるでしょう。**あらゆる悪条件は、悟りへのチャンスでもあります。**

## Q2 規則正しく、毎日同じ時間におこなうべきですか？

A2 そんなことはありません。確かに、規則正しくおこなえばルーティン化はしやすいのですが、「毎日○時に」「必ず○分間」などと**ルールで縛り、それを厳密に守る意味はありません。**これは、ステップ1〜3のすべてにおいて言えることです。

繰り返しになりますが、**もっとも重要なのは「3つのステップをセットで毎日続けること」です。**もちろん、一日サボってしまったからといって効果が無になるものではありませんから、あまり厳密に考えすぎずに〝ぼちぼちと〟取り組んでください。

## Q3 自然豊かな場所でなくても効果はありますか？

A3 もちろんです。山のなかや海辺だけが大自然ではありません。コンクリートジャングルのような大都会でも、空気も、太陽の光も、水も存在しています。

ただし可能ならば、**ときどきは自然を感じられる場所に出向いて歩行禅をするのも**

**いいものです。**たとえば、休日に公園や、海沿い、川沿いまで足をのばして歩いてみる、旅先で森林浴をしながら歩行禅をするなど。このように、歩く場所やコースのバリエーションを増やすことは大いにおすすめです。普段とは違う環境のなかで、新たな気づきを得ることもあるでしょう。

## Q4 気が散ってしまい、なかなか思考に集中できないのですが……

A4 ウォーキングの最中に外からの刺激が気になってしまうのは、ある程度は仕方ありません。きれいな花を見つけて「きれい」と思ったり、素敵な人が歩いていたら「素敵だな」と思ったりすることは、人としてあたりまえで自然なことです。ただし、**歩きやすい靴を履く、服装で暑さや寒さの対策をする、携帯電話はオフにする、すこし遠回りでも歩きやすいルートを選ぶなど、集中を妨げる要素を排除する工夫はあらかじめしておきましょう。**

また、坐禅の最中に意識が散漫になり、雑念ばかりが浮かんでくるのも、初心者であれば当然のこと。**「あっ、違うことを考えていた」と気づいたときには、その都度、**

**思考をもとに戻すようにしましょう。**これを繰り返すことで慣れてきますので、最初は難しくても「自分にはできない、無理だ」と諦めてしまわないことです。

## Q5 坐禅のとき、正しい姿勢を保つのがつらいのですがコツはありますか？

A5　これは、普段から姿勢が悪いことの証《あかし》です。身息心の原則から見れば、姿勢のゆがみは心のゆがみを映し出す鏡でもあると言えます。**最初はつらくてもがんばって、正しい姿勢に慣れる**ことが肝心です。続けていくと次第に、背筋が伸びて姿勢がよくなる過程を実感できるかと思います。

## Q6 「ごめんなさい」の内容があまり思い浮かばないのですが……

A6　懺悔する数や、懺悔の内容そのものよりも、**自己のおこないを省みるということに意味があります。**

先に述べたように、これまでの人生での過ちや失敗、後悔などを一つひとつ探してみてもいいですし、「昨日一日（または今日これまで）、悪いことをしなかったか？　人に嫌な思いをさせなかったか？　知らず知らずのうちに誰かを傷つけなかったか？」と、ここ最近の自分の振る舞いを検証してみるのでもかまいません。

人間誰しも、自分のことを反省するのは難しいものです。そもそも歩行禅は、人生を幸せに生きることを目的とした心のエクササイズです。**懺悔や反省が思いつかない場合は、右足を出すときに「謙虚」、左足を出すときに「素直」と唱えながら歩いてもいいでしょう。**

## Q7 「ありがとう」の対象は、本当になんでもよいのですか？

**A7** 人間でも、仏様や神様でも、ペットなどの動物でも、あらゆる存在に対し、思いつく限り、なんでも結構です。

普段、私たちが「ありがとう」という言葉を口にするのは誰か特定の人から自分が恩恵を受けたときですが、実は、**感謝すべき存在は数え上げればきりがありません。**毎日ごはんを食べられるだけでもありがたいことですし、その陰には膨大な「ありがとう」が存在します。ごはんを作ってくれる人、お米やお肉やお魚を売ってくれる人、野菜を育ててくれる農家の人、それらをトラックで運んでくれる人……。

人だけではありません。田畑や農園や、その収穫物はもちろん、野に咲く花々にも「ありがとう」と言いたくなります。太陽の光、水、空気など、私たち人間を生かしてくれている大自然や宇宙にも大いに感謝しなければいけません。

また、ご先祖様がいなければ私たちの命は存在しないわけですから、仏様に手を合わせるのも感謝の一つです。

**森羅万象、何事も〝あって当然〟のものなどないのです。**「ありがたい」と謙虚に思える心を養うことが大事です。

## Q8 「ごめんなさい」も「ありがとう」も、同じ内容の繰り返しになってしまいます

A8　これについても、あまりこだわりすぎなくて大丈夫です。**たとえ同じ内容の繰り返しでも、反省すべき出来事や感謝したい対象を心に思い浮かべるだけで充分に意味があります。**そうすると、お詫びすべき相手や感謝すべき相手に次に会ったときに

素直に「ごめんなさい」「ありがとう」と言えるのです。

最初のうちはなかなかうまくいかなくても、懺悔と感謝をルーティンにしているうちに、日常のなかで相手の立場に立って考えるということが自然とできるようになります。そうするとやがて、心の針も光の方向へコントロールしやすくなってきます。

同じ内容が繰り返し思い浮かぶということは、そこに、**自分にとって大きな「人生の課題」があるということの表れ**でもあります。ステップ3で坐禅を組むときのヒントにもなるのではないでしょうか。

## 「ごめんなさい」と「ありがとう」を唱えることの意味

歩行禅で唱える「ごめんなさい」と「ありがとう」には根拠があります。私たちお坊さんが仏門に入るとき、仏弟子として認めていただくために最初におこなうのが「ごめんなさい（懺悔）」と「ありがとう（感謝）」をお題とした儀式なのです。

お坊さんになるときには必ず「出家得度《しゅつけとくど》」という儀式をおこないます。

出家とは、俗世の一切の価値を捨て、仏道に入るという意味です。得度とは、僧侶になるための儀式を意味します。

剃髪をしていただき、仏弟子としての新しい名前を授けていただき、必要な袈裟《けさ》や衣を頂戴するなど、正式な作法を通して僧侶にふさわしい姿になったあと、いよいよこれから仏道に励むための心の在り方の儀式に入ります。

ここで最初におこなうのが**「懺悔」**です。

「こんにち、仏教の教えに縁があるまで、あなたたちは凡夫でした。これまで生きてきたなかで数え切れないほどの、知っていて犯した罪、知らず知らずに犯した罪があるでしょう。今日からは仏の子として、名前も変えて生まれ変わり、戒律を授かって修行をはじめます。ここで、いままでに犯してきた罪業《ざいごう》をすべて、ことごとく懺悔しなさい」

お堂でこのような言葉をかけられ、過去の自分を振り返り「ごめんなさい、ごめんなさい」と心からの懺悔をして、お師匠さんに倣《なら》いながらこう唱えるのです。

**我昔所造諸悪業《がしやくしよぞうしよあくごう》（我れより造るところのもろもろの悪業は）**
**皆由無始貪瞋癡《かいゆうむしとんじんち》（みな、無始の貪瞋癡による）**

**従身語意之所生《じゅうしんごいししょしょう》（身語意より生ずるところなり）**
**一切我今皆懺悔《いっさいがこんかいさんげ》（一切、我れ今、みな懺悔したてまつる）**

これはお経の一つで、懺悔偈《さんげげ》（または懺悔文《もん》）と呼ばれるものです。わかりやすく訳すと、次のような内容になります。

「私が昔から作ってきたいろいろな悪い業は、遠い過去から積み上げてきた貪瞋癡、すなわち三毒によるものです。それは、身体でおこない、話し、思うところから生まれたのです。私はいま、それらすべてを懺悔します」

貪瞋癡とは、仏教用語で、人間のもつ根元的な3つの悪徳のことです。「貪」は貪欲で、必要以上にむさぼり求める心。「瞋」は瞋恚《しんに》で、自分の嫌いなものを憎み嫌悪する心。「癡」は愚癡《ぐち》で、真理に対して迷い惑う無知の心。こうした戒を授けていただきながら、自分の罪に対して手を合わせて懺悔するのです。

少々難しいお話になってしまいましたが、歩行禅のステップ1でおこなうのはこれの簡易版、シンプルバージョンと考えてください。**お経を唱えなくても、集中しておこなえば、心を生まれ変わらせるための効果は充分に得られます。**

それはなぜかというと、いくら「言葉」と「形」が完璧でも、それだけでは不充分だからです。そこに「心」が具《そな》わっていなければ意味がありません。懺悔を集中しておこない、心からの「ごめんなさい」を感じることです。

## 懺悔のあとに「感謝の三遍礼拝」

さて、話を戻しましょう。出家得度の際、懺悔のあとに**「感謝の三遍礼拝」**という儀式をおこないます。

自分がこんにち、ここに至らしめる（存在できている）のは、まず自分を産み育ててくれた親がいるからです。まずは、その両親に対して「ありがとうございます」と感謝します。

そして、ここまで導いていただいた人々のおかげでもありますから、これまでに縁のあったすべての人に対して「ありがとうございます」と感謝します。

さらに、この先を導いてくださるお師匠さんをはじめとした仏縁に「ありがとうございます」と感謝を捧げる礼拝をして、俗世間から離れ、仏の道へと入っていくわけです。

いわば、仏様の教えを守って正しい道を進むことへの決意表明のようなものでしょうか。この儀式が、歩行禅のステップ2でおこなう「ありがとう」のウォーキングの根拠になっています。

みなさんも人生を振り返ってみると、誰かに笑顔にしてもらったこと、ターニングポイントで導いてもらったこと、ピンチを救ってもらったことなど、数限りない「ありがとう」があるのではないでしょうか。

自分のまわりにいる家族、会社の同僚、友人や知人。世の中を支え、機能させてくれている、名も知らぬたくさんの人々。そして、私たちを生かしてくれている空気、水、お天道様の存在。「ありがとう」を数え上げたらきりがありません。

そういったご恩に目を向け、**「自分一人で生きている」「自分の力だけでがんばっている」という慢心、思い込みを取り払うのが「ありがとう」の効果です。**感謝を積み重ねることで、自分を取り巻くありとあらゆるものが相互作用によって絆を結び合っているという、この世の真理に気づくはずです。

## 坐禅で「自分と向き合う」ための思考のヒント集

さて、ステップ3の坐禅の際に、「自分の置かれた環境と向き合う」「自分の人生と向き合う」と言われても、あまりにも漠然としていて、どうすればいいのかわからない。考えがまとまらずに困ってしまう——という人は意外に多いようです。

事実、人間は自分の身の上を客観的にとらえるのが苦手なもの。坐禅の時間に難儀するみなさんのために、すこし、その手助けをいたしましょう。

人間は不平不満に目を向けるのが得意な生き物ですから、その特性を利用して、よくある〝お悩み〟別に思考の足がかりを示していきたいと思います。

**一歩引いた目線から状況を俯瞰するためのアドバイス、そして、自己と向き合うためのヒント集**になっていますから、お坊さんの説法に耳を貸すつもりで役立てていただければ幸いです。

## お悩み①　家族関係に問題がある

「親と対立してばかり」「子どもが言うことをきいてくれない」「夫がいつも私を怒らせる」——家族は世の中でいちばん身近な存在だけに、日頃のコミュニケーションがうまくいっていないと、その分、悩みも深くなるようです。

ただ、改めて考えてみてください。

**「自分だけが絶対に正しい」と思っていませんか？**

誰しも、自分の考えや価値観は絶対に正しいと信じていて、それにもとづいた行動をとっています。しかし、それは相手も同じなのです。つまり、相手には相手の考えや価値観があるということです。

**相手に対して「こうあってほしい」「こうしてほしい」「こうすべきだ」と、求めすぎている面はないでしょうか？**

もちろん、あなただけでなく、相手にもそういう面があるのかもしれませんが、どちらかが一歩、歩み寄ることで事態は変わります。

まず、「自分は、相手に求めすぎていないか？」と振り返ってみましょう。

**一歩引いた謙譲の心をもつこと。**

そして、相手をリスペクトすること。つまり、**敬意の心をもつこと**です。

私がお坊さんになったばかりの頃、お師匠さんから「人間は誰でも、自分をこの上なく大切に思っている。自分を大切にしたければ、まず相手を尊重しなさい」というお言葉をいただきました。

相手を尊重すれば自分も相手から尊重されるようになるということは、家族関係に限らず、すべての人間関係における真理です。

## お悩み② 仕事がうまくいかない

お坊さんも修行時代には、茶碗を割ったり、作務（清掃などの作業）の手際が悪くて先輩から叱られたりなど、多くの「失敗」を積みます。もちろん私も、小僧時代には大小さまざまな失敗をしました。そのときによく言われたのは、**「一回目の失敗は失敗と言わない」**ということです。**「二回目、三回目と同じ失敗を繰り返すことが失**

**敗なのだ」**と。

人間なら誰でも必ず、失敗はあります。一回目の失敗を深く自分の胸に刻み、反省して、そのすぐあとにはポジティブな気持ちに切り替えて挑戦していくことが大事なのではないでしょうか。

失敗をすると「すみません」と謝りますね。自分はそれで区切りがつくかもしれませんが、自分の失敗によって迷惑をこうむった人や負担を強いられた人、傷ついた人もいるはずです。そういう人たちの痛みまで想像して、「二度とこの人に嫌な思いをさせない」という気持ちをもつことが大切だと思います。

失敗に次ぐ失敗で、「自分には、いまの仕事が向いていない」と思い悩んでいる人もいるかもしれません。そんなときには**「桃栗三年、柿八年」**ということわざを思い出してください。種をまいてから実がなるまで、桃や栗は3年、柿は8年もの年月がかかるという意味ですが、私たち人間も、なにかを為すためにはそのくらいの長い目で見て覚悟を決めることが必要です。

序章でも述べましたが、お釈迦様は「同じことを同じように、繰り返し繰り返し、情熱をもって続けていくと悟る可能性がある」という言葉を残しました。

修行も仕事も同じです。**「続ける」ことの先に、実りがあります。**

私も、お坊さんとしての修行をはじめたばかりの頃は悩みの渦のなかにおりました。お寺での生活、みんなが寝静まってから一人でこっそりと寮を抜け出し、「なんでうまくいかないのかなぁ。なんで人生ってこうなんだろうなぁ」と、本堂の柱の陰でよく涙を流しながら仏様に祈っていたものでした。

それでも徹底的に、真剣に自分自身と向き合いながら、一歩一歩、日々の修行を積み重ねました。自分の心の「我」がとれて、仏様の教えを心の底から理解できたのはお坊さんになって十数年以上が経ってからです。

**「仕事でうまくいかない日々は仏様が与えてくださった試練であり、自分を鍛えていただいているのだ」**ととらえることができれば、すばらしいと思います。

## お悩み③　お金がない、経済的に苦しい

私は、経済的には決して豊かではない家庭で育ちました。

中学2年のときに父親が家を出ていき、母親と祖母との3人暮らしで、食べるのも

大変なほど貧しい時期もありました。

そんな苦しい生活のなかでも、心は豊かでした。

貧しくても、母と祖母は「笑い」を大切にしていました。お金がなくても決して卑屈にならず、いつも明るく笑っていたものです。

よく、夕方になると、ご近所さんが「これ、夕飯に食べてね」と言ってメンチカツをもってきてくれたことを覚えています。ときには、ご近所のおじさんやおばさんが集まって、賑やかな酒盛りがはじまったりして……。

いま思うと、それは私たちの家族が明るく前向きにがんばっていたからかもしれません。**朗らかな笑顔で正しく生きていれば、自然と人が寄ってきて、助けの手を差し伸べてくれるものです。**

お金がなくても、喜びあふれる心豊かな生活はできるのです。

もう一つ、千日回峰行で感じたこともお伝えしたいと思います。

ある大雨の日、山中でいつものようにおにぎりを食べようとしたら、激しい雨に打たれておにぎりが崩れてしまいました。雨宿りができるような場所もなく、手からボロボロと米粒が流れていくのをお粥《かゆ》のようにすすりながら、こう思ったのです。

「広い世界には、この1粒を口にできず、今日亡くなっていく人がいるのだ」
「しかし、自分にはこのようにおにぎりが用意されている。山を下りればお風呂もあるし、雨風をしのぐ屋根のある場所で、布団に入って寝ることができる。自分の望む修行を許され、大切な時間を与えてもらっている。私は、なんて幸せ者なんだろう」
そう思うと、とめどなく涙があふれてきました。

日本では、年間の自殺者が2万人以上。数年前までは3万人を超えていました。自殺の理由のうち、病気などの健康問題に次いで経済的困窮が多くの割合を占めると言われていますが、この国のほとんどの人は、毎日、一日に三度、あるいは一度か二度でも、ごはんと味噌汁くらいは食べることができているはずです。

「不満だ、不満だ」と言って欲求を満たそうとすれば際限がありません。**ごはんを食べることができて、屋根のある場所で寝ることができ、生きることができているだけでも大変な幸福です。**

足るを知って、明るい心で生きていくことも大事なのではないでしょうか。

## お悩み④ 人間関係に恵まれない

「職場には性格の悪い人ばかりだ」「まわりに気が合わない人しかいない」――こういった人間関係のお悩みでは、自分を省みることなく、すべてを周囲のせいにしてしまうケースが多いように思います。

もちろん、昨今〝モンスター〟と言われるような本当に困った人々も存在するのかもしれませんが、「もしかしたら、自分にも原因はないだろうか？」と振り返ってみることも大事です。

私にもかつて、どうしても好きになれない、大嫌いな相手がいました。

厳しい修行を続けるうちに自分の我はとれて、人に対する好き嫌いはだんだん少なくなっていったのですが、最後にたった一人だけ、なかなか受け入れることのできない苦手な相手が残ったのです。

「仏様の教えを伝える立場の者として、これではいけない」と、頭ではわかっていました。しかし、この人に対する悶々《もんもん》とする悩みや、「嫌い」という感情にとらわれて葛藤《かっとう》する気持ちは、長年、自分の心のなかにこびりついていました。

実は、千日回峰行が終わっても、四無行が終わっても、この課題は克服できないままでした。

それから数年が経ち、あるとき、**「自分のなかにわずかでも嫌う心があれば、必ず相手にその雰囲気が伝わってしまうのではないか」**と気づいたのです。その相手と久しぶりに再会したある日、私にとって長年の苦しみだったその人の懐《ふところ》に、思い切って入ってみようと思いました。それまでとは違う、優しい声と笑顔でその人に話しかけてみたのです。

最初はいつものように、低い声で、そっけない返事しか返ってきませんでした。それでもめげずに、もうひと声、もうひと声と会話を続けていくと……、ある瞬間に相手の目もと、口もとがわずかに優しく、ほころんだのです。

わずか0・1秒の世界でしたが、相手の〝心〟を確かに感じました。そして、長い間、克服できずに苦しんでいた胸のつかえが、心の底からの感謝の気持ちに姿を変えたのです。

「いままでこの人のことを苦手だったのは、自分自身に我があったのだ。自分自身の器が小さかったのだ」

そうして、これまで相手にも嫌な思いをさせていたのだということに気づき、心のなかで涙ながらに懺悔しました。

この出来事をきっかけにして、私の人生は完全に光の世界となりました。自分が変わることによって人間関係が変わり、その後はどんどん、よい縁に恵まれるようになったのです。やがて、そのよい運気が仕事の面にも波及していきました。

こういう本を読んだからといって、心のありようをすぐに変えられるものではないでしょう。それでも、**肝心なのは「嫌いな人をなくすように努力しよう」という思いを持ち続けることです。**

嫌いな人に限らず、嫌いな仕事をなくす、嫌いな食べ物をなくすというような日々の努力によって、無用な我がとれれば、運は必ず開けてきます。

## お悩み⑤　友達ができない、恋人ができない

知らず知らずのうちに、自分の殻を作ってしまっていませんか？

栗を思い出してください。栗は、あの鋭いイガで自分を守ろうとしています。さらに、そのイガのなかにも他者にたやすく食べられないための硬い皮があり、硬い皮の内側には渋皮があります。本当は甘くておいしい実があるのですが、何重もの鎧《よろい》で自分を守っているのです。

幸いにして、あなたをとって食べようとする人間はいません。傷つくことやぶつかり合うことを恐れずに、殻を全部取り払って、相手と言葉をかわすことが大事です。**誰かと親密な関係を結びたいのなら、鎧を脱いで自分から歩み寄り、心を開くことが必要です。**そういう〝素《す》〟の自分で誰かと言葉をかわしたことは、どれだけありましたか?――改めて、振り返ってみてください。

## お悩み⑥ 他人から誤解されやすい。理解者がいない

自己の思いや内面的なものは表現しにくいですし、他人に正確にわかってもらうことはとても難しいものです。私たち人間の場合は、言葉と文字に頼るしかありませんが、それにも限界があります。伝えようとする相手の人生経験によっても、理解の深

さは違ってくるからです。

自分の価値観と相手の価値観が違う場合も、往々にしてあります。自分が大切に思うことに対して、必ずしも相手が同じように価値を感じているとは限りません。

そこでイラッとしたり、ムッとしたりすると、相手にはますます伝わらなくなるということを念頭に置いてください。

また、**伝わらないことを諦めてしまうと、もうその先はありません。**

精いっぱい、伝えようと努力することによって、100%の理解は得られなくても距離感が縮まるということがあるのです。

家族であれ夫婦であれ、どれほど親しい間柄であっても私たちは別々の存在ですから、完璧な一心同体で永遠にわかり合えるということなどないのかもしれません。大事なのは「距離感」ではないでしょうか。**「わかってくれない」と言って自分から心を閉ざすのは、その距離感をさらに広げる行為です。**

また、そのときに理解してもらえなくても、時間をおくことでわかり合えるということもあります。先ほども出ましたが「桃栗三年、柿八年」の精神で、ときには時間をかけることも必要です。「時」は万能薬なのです。

## お悩み⑦ 自分が嫌い。自分には生きる価値がない

自己肯定感の低さには、愛情不足や幼少期のトラウマなども影響してくるので難しいのですが、一つ確実に言えるのは「あなたに与えられた人格、個性は、唯一無二で尊いものだ」ということです。

人間一人ひとりがかけがえのない存在であり、どの人に価値があって、どの人に価値がないということはありません。神様、仏様から見たら、すべての存在が尊いのです。**誰一人として、この世に必要ない人はいないということです。**

この宇宙、この大自然は、とても微妙ですばらしいバランスによって保たれています。私たち人間は、生かされている存在なのです。

この世の中で、私たちはなにをしないといけないのでしょうか？——自分自身の人生を大切にする義務があります。そして同時に、まわりも幸福にしないといけません。

人間、誰しも幸福を求めて生きています。幸せになりたいと思って生きています。

物質的な幸福には際限がないけれど、精神的な幸福は、人と人との心がつながり合っ

たときに感じるものです。そういう瞬間が多いのが「幸せな人生」です。

**誰か一人でもいいので、大切な存在を見つけて、心と心がつながる瞬間をもってください。**そういう時間の積み重ねが、自分自身の価値を取り戻してくれるはずです。

## お悩み⑧ 他人にくらべてあらゆる面で不幸だ

劣っている点、できない点にばかり目が向き、それに心がとらわれてしまっている状態です。まずは、**「どんな石でも磨けば光る」**ということを知ってください。もしかしたら、まだまだ磨き方が足りないのかもしれない。誰にでも必ず一つは、与えられた能力があります。直感でかまいませんので、「これなら自分にもできるかな、楽しめるかな」というものを見つけて、まずは夢や目標をもつことです。

たとえば、「英語をマスターしたい」という夢をもったとしましょう。単語や文法を覚えるのはしんどいし、面倒くさくて大変だし、嫌なものですよね。しかし、楽なことばかりでは、将来の大きな実りはないのです。

実りを「楽しみ」と言い換えてもいいでしょう。必ずご褒美があるので、つらいかもしれないけれど、苦しいかもしれないけれど、面倒くさいかもしれないけれど、一定の期間はがんばってみましょう。

夢をかなえるまでの道のりを遠く感じるかもしれませんが、実は、これがいちばんの近道なのです。そのあとに必ず、いいことがあります。

北野武さんと対談する機会があり、そのときに伺ったお話をご紹介しましょう。

ビートたけしとして人気が爆発した頃、浅草の飲み屋の大将から「たけし、お前のせいで何人もの芸人がメシ食えなくなったじゃねえか」と言われたことがあるそうです。そのエピソードを振り返りながら、たけしさんはこう語りました。

「でも、しょうがねえんだよな。みんなが遊んでたときに俺は、一生懸命ネタ帳を作ってたんだからさ」

才能があって、恵まれているように見える人ほど、見えないところでコツコツと努力を積み重ねているのです。

**「あの人はいいな」「みんな、恵まれているな」と、指をくわえて他人のことばかり見ていても、なにもいいことは起こりません。**夢や目標を設定し、そこに向かって自分を磨いていくことです。

## お悩み⑨ 努力がなかなか報われない

私自身のことを言えば、「努力が報われないな」と考えたことはいままでに一度もありません。「命ある限り、最後の最後まで努力。人生生涯、下積み」。そう思っています。人生、最後のひと息まで最大限の努力をしながら、走り切りたいと思っています。どの瞬間も、ひたすら前を向いて努力をするだけ。**成果とは、気づけばあとからついてくるもので、いちいち振り返って確認するものではない**と思うのです。

もちろん、人生における最終的な夢や、長期的にかなえたい夢、毎年お正月に考える1年の目標はあるけれども、毎日、目の前のことがらに努力するので精いっぱい。そしてある日、「あれっ？　この目標、気づいたら達成していたな」「いつの間にか、夢をかなえるのに近いところまで来ているな」ということが多いような気がします。

**見返りや報酬を求めすぎないほうが、人生を楽しんで生きることができるのではないでしょうか。**逆に、見返りや報酬にとらわれる心は、無用な苦しみを生み出すだけです。

## お悩み⑩ 病気で苦しんでいる、健康に不安がある

私のお師匠さんが病に倒れたとき、「これまでいろんな修行をしてきたけれども、病気というのが人生でいちばんの修行だ」と語っていました。

人間、調子のいいときにはそれが永遠に続くような錯覚を抱くものです。しかし、人間には寿命があり、誰にも平等に「死」が訪れます。私たちは、刻一刻と死に向かって生きているのです。病気になると、それをはっきりと意識するのですね。そこではじめて死生観が生まれ、人生観が変わるのだと師匠は話していました。

私は幸いなことに、命にかかわるような病気をしたことはありませんが、過労が重なり一切の食欲がなくなって、食べ物を見ると吐き気がしてしまう状態が1か月ほど続いたときがありました。体力がどんどん落ちてきて、人はこうやって死ぬのかという体験でした。その体験で師匠の言葉が腑に落ちました。つまり、**「人生でいちばんの修行」である病気だからこそ、悟ることもある**のではないでしょうか。

生かされている意味。命のありがたさ。周囲への感謝。いま自分にできることや、

しなければいけないこと。苦しみのさなかだからこそ、闇のなかに閉じこもらずに、光に目を向けてみてください。

## お悩み⑪ 悪いことをして罪悪感に苛まれている

悪いことだとはわかっていても、欲に負けて、うしろめたい行為をはたらいてしまう場合もあるでしょう。また、意図せず人を傷つけてしまったということもあるかもしれません。

それらの罪を帳消しにする方法がただ一つだけあります。それは、**心から懺悔をすること**です。

「もう、同じ過ちを二度といたしません」という、心のなかでの懺悔です。

これは、お釈迦様が２５００年前に残された教えのなかでも述べられています。そして、この懺悔が人と人との絆を深めることにつながるのです。

人間は、人を傷つけ、人に傷つけられながら成長するものです。まわりにお世話をかけ、また、まわりのお世話をしながらお互いが成長するものです。

なにか悪いことをして罪悪感に苦しんでいるのならば、それは人間として正しい姿です。坐禅の時間を利用して、心からの懺悔をしてください。

懺悔の内容は、ステップ1で実践する「ごめんなさい」のウォーキングのときと重複してもかまいません。坐禅の時間には、「ごめんなさい」から一歩進んで、**「同じ過ちを二度としないために、自分はどうすればよいか?」ということにまで思考を発展させてみてください。**

いまは罪悪感で苦しくとも、心のなかで反省して、悪いことをした過去をご破算にして、また明日お天道様が昇ったら、新しい一日をがんばればよいのです。

## 番外編 とくに悩みはない。幸せで、現状に不満はない

ここまで、人生でよくあるお悩みに助言する形で、自分自身と向き合うための思考のヒントをお伝えしてきました。しかし、もしかしたら「不平不満も悩みもなく、幸せいっぱいに日々を過ごしている」という方もいらっしゃるかもしれませんね。

それだけ心に余裕がある人は、きっと今日一日も充実していたことでしょうから、

坐禅の時間には**「また明日も、誰かのお役に立てますように」**と祈ってください。
利他の心、つまり他人の幸福を願う心で生きていると、人生がとてもよいものになります。

私が小僧の頃、お師匠さんが「人間というのは誰しも、自分がいちばんかわいいと思っているものだ」というお話をしてくれました。

「自分がかわいい、自分のことを大切にしてほしいと思ったら、まずは誰かを尊重すること。誰かを尊重すると、それが廻りまわって自分に返ってくる。その人から直接ではなくても、どこかの誰かから尊重されるようになる。そのうちに、みんなから大事にされるようになる」という教えでした。

これはいわば、**「徳の貯金」**です。

誰かが困っていたら「手伝いますよ」と手を差し伸べる。

いじめられている人がいたら「大丈夫？」と声をかける、ニコッと笑顔を向ける。

汚い仕事や、人が嫌がる仕事を率先してやる。

こういった行為を、見返りを求めずに積み重ねることが「徳の貯金」になります。

**普段から徳の貯金をしておくと、人生で困ったときに、その貯金が助けになってく**

**れるものです。**これは間違いありません。

たとえば、今日という日にたった一つの功徳《くどく》を積むだけでも、毎日続ければ、1年後には365個の徳が積み上がっていることになります。

徳の貯金がたまってきた人からは、不思議と〝いい雰囲気〟がにじみ出てきます。そうすると、いいことや、いい運が自然と舞い込んできます。

地に足をつけ、誰かのお役に立つことを心がけ、一歩一歩正しい道を歩み続けていれば、神仏が、そしてまわりの人が、必ず守ってくださるのです。

何気ない一日のなかに、どれだけ人生の悟りが転がっているか、わからないものです。日々の小さな気づきの積み重ねが、人生の大きな悟りに近づく糧《かて》となります。

忙しいなかでもひと呼吸おいて、目を凝らし、耳を澄まし、人生で今日しかない一日のなかでの宝物を探してください。

歩行禅における坐禅の時間は、その日に探し当てた小さな宝物を一つひとつ愛《め》でるためのひとときなのです。

# 第3章

# 一日5分で効果が出る「心のエクササイズ」

## 歩行禅とあわせて実践してほしい「小さな修行」

この章では、歩行禅に〝プラスα〟として取り入れていただきたい、心のプチ・エクササイズを集めてみました。どれも難しいことはなく、日常生活のなかで簡単に実践できるものばかりです。

これらはいわば、小さな修行です。**歩行禅とあわせて習慣化することにより、心を整える効果がさらに高まります。**

この章に挙げる項目をすべて、完璧におこなう必要はありません。まずは「一日一善」のつもりで、自分にできそうなものをどれか一つ選んでやってみるだけでも結構です。

もちろん、やればやっただけ心のエクササイズ効果はアップし、心の針を上手にコントロールすることができるようになりますし、心が整うことでどんどんよい運を呼び込めるようになります。ですから、**可能な人は一日にいくつでも、「徳の貯金」をするつもりで実践してください。**

人生の幸運や不運はある意味、その人のクセのようなものです。これまでにも繰り返しお伝えしてきたように、**心の針が光へ向けば人生は明るい世界に向かうし、心の針が闇へ向けば人生は暗い世界に向かいます。**

つまり、人生は、あなたの心の在り方によって変わるということです。

先ほど、この章に挙げる内容は「心のエクササイズ」であり「小さな修行」であると書きましたが、よりよい人生にするための行動術、生活訓だと言い換えることもできます。

行動術、生活訓としてはどれもすべて「あたりまえ」のことに思えるかもしれませんが、普段の生活のなかで自分がきちんとできているかどうかを、改めて振り返ってみてください。そして、「できていないな」と感じたなら、修行のつもりで一つひとつ実践していきましょう。

## 修行その1
## 嫌いな人にも一日一度、笑顔を向ける

職場や、人づきあいの輪のなかに、嫌いな人はいるでしょうか。

「嫌い」とまではいかなくても、「苦手」「ちょっと話しかけにくい」と感じる相手がいるかもしれません。あるいは、誰かと喧嘩をして、しばらく会話のきっかけがつかめないでいるという場合もあるでしょう。

そういった**“心のモヤモヤ”を抱えている相手に、一日一度、笑顔を向けて大きな声ではっきりと声をかけてみましょう。**「おはよう」とか「お疲れさまです」とか、たったひと言のあいさつでもかまいません。少しおおげさなくらいがちょうどいいでしょう。

はじめはぎこちなくても、難しいなあと思っても、一日だけで終わらずに、次の日もその次の日も続けてみましょう。毎日毎日笑顔を向ければ、不思議と相手も必ず笑顔になるものです。

嫌いだ、嫌いだと避けていながら陰で悪口などを言うのは、相手に振り回されているということです。その人を受け止めて、包み込むくらい人間的魅力のある人になりましょう。そうすれば、相手に振り回されることもありません。

いままで嫌いだった相手を、すぐに好きになることは難しいでしょう。しかし、**「この人を嫌いな気持ちが、いつかなくなりますように」「いつか、この人とわかり合**

**えますように」、そう心のなかで思い続けることが大事です。**

この心を絶やさずにいれば、自然と、相手を嫌う気持ちは減っていくのです。

◎**基本の心構え**

誰かを「嫌いだ」「苦手だ」と思う心を克服する

◎**今日からやるべきこと**

一日一度、嫌いな相手、苦手な相手にも笑顔を向けて大きな声ではっきりと声をかけてみる

## 修行その2　イラッとしたら、まず自分の行動を振り返る

人間関係でなにかイラッとすることがあったら、すぐに相手のことを責めたくなるのが人間です。

しかし、そこでぐっとこらえて、ちょっとひと呼吸おいてみてください。**相手の対**

**応や態度を責める前に、まず自分の行動を振り返ってみるのです。**

自分の都合だけを押しつけていなかっただろうか。

自分の言い方にトゲはなかっただろうか。

相手に敬意を払っていただろうか。

相手の事情に対して思いやりが欠けていなかっただろうか。

苦しみの矛先を他人に向けて「なぜ？　どうして？」と思う前に、一歩引いた目線で、自分の関わり方についても反省してみましょう。

仮に自分に落ち度がなくても、もしかしたら相手が不機嫌なだけだったのかもしれません。ちょうど多忙なタイミングだったのかもしれません。または、ぞんざいな対応をされたように思えたけれど、実はこちらの勘違いだったのかもしれません。

イラッとしたり、ムッとしたりする出来事に遭遇したとき、私たちは条件反射的にネガティブな気持ちで心がいっぱいになります。そして、意識的に切り替えない限り、ネガティブな心はどんどん増幅していきます。

具体的には、**「さっきの出来事、イライラするなあ」「あの人、ムカつくなあ」ということを考えれば考えるほど、その気持ちは大きく、根深くなっていくのです。**こうなると、心の針はマイナスに固定され、プラスの方向に戻すのがとても難しくなります。

**ネガティブな心にとらわれないための秘訣は「ネガティブなことを考えないこと」です。**まるで禅問答のようですが、これが唯一無二の真理だと言えます。嫌な出来事があったときの対処法としては、「心に生まれたネガティブな気持ちを深追いせず、嫌な出来事をそれ以上頭に思い浮かべないこと」が正解なのですが、これは少々難しいかもしれません。

そこで、前述のように「自分の行動はどうだったかな?」と一歩引いた目線を取り入れてみるのです。このたった一つのアクションによって、その分だけイライラ、ムカムカというネガティブな気持ちの占める割合が減ります。そして、心の針はプラスのほうに向けて少しずつ振れ始めます。

**嫌なことがあったときには、盲目的に相手を責めず、「自分の行動はどうだったかな?」「相手の事情はどうだったのかな?」と、客観的に俯瞰するクセをつけましょう。**この努力を続けることで、恨まない、妬まない、嫉妬《しっと》しない、とらわれない、さっぱりとした美しい心が育ってきます。

◎基本の心構え

嫌な出来事を深追いせずに、心をすばやく切り替える

◎今日からやるべきこと

イラッとすること、ムカッとすることがあったら

一歩引いた目線で「自分の行動はどうだったかな？」と振り返る

## 修行その3

## 反論するなら、最初に「すみません」のひと言から入る

誰かと会話をしていて、相手の言葉につい反論したくなることもあるでしょう。そんなときには枕としてひと言、「すみません」と言ってから自分の意見を伝えるようにしましょう。

意見を交換することは決して悪いことではありません。建設的な議論をすることでよりよい状況や解決策が見えてくるでしょうし、お互いの信頼関係や絆がさらに深ま

る効果もあるからです。

ただし、**反論ではなく「反抗」になってはいけません。**自分の意見と違うと感じたときに、感情的になって、すぐに対立したのでは非常にもったいないと思います。

感情的対立を避けるために、**最初に「すみません」「ごめんなさいね」とワンクッション入れる**ことで心が整いますし、相手も聞く耳をもってくれて、実りの多いコミュニケーションとなるはずです。

**◎基本の心構え**

建設的な意見交換のために、反抗や感情的対立は避けるべし

**◎今日からやるべきこと**

反論したいときには、ひと言「すみません」とワンクッションを入れてから自分の意見を伝える

## 修行その4

# 1年後の自分を思い描き、やるべきことを見つけて努力する

「愚か者は、努め励むことを知らないで、ただよい結果だけを求める」

これは、お釈迦様の言葉です。

労せずして利を得るということは不可能です。まれに、努力せずに一時的なラッキーを手にすることがあるかもしれませんが、あくまでも一時的なものです。そのラッキーが一生涯にわたって続くことはあり得ません。

**幸せになりたければ、怠けグセよりも、努力グセをつけないといけません。**そして努力グセは、ルーティンによって身につけることができます。なにか一つのことを継続することはとても根気のいることですが、「継続は力なり」という言葉もあるように、一つのことを繰り返し続ける行為そのものが、人生を実り豊かなものにするための秘訣だと考えてください。

念ずれば花開く。念という字は「今の心」と書きますね。いまの心の状態が、未来に大輪の花を咲かせるための土壌となっているのです。

心に花を咲かせましょう。野に咲く花のように、雨が降ろうが風が吹こうが、定められた場所にしっかりと根をおろして、きれいな花を咲かせましょう。きれいな花のまわりには、たくさんの人が寄ってきます。あなたと向かい合う人の心を和ませましょう。

ただ怠けて生きても一日は一日。精いっぱい生きても一日は一日。

だったら、精いっぱい生きましょう。

仕事でも家事でも勉強でも、自分磨きでもなんでも結構です。自分が努力できること、情熱をもって打ち込めることを見つけてください。

なかには「情熱をもって打ち込めることなんて、なにも見つからない」と言う人もいるかもしれません。その場合は、**1年後、あるいは3年後、5年後、10年後といった未来を想像して、そのときにどういう自分になっていたいか**を考えてみましょう。その自分になるためには、どんな要素が必要でしょうか？

「もっと健康な自分になっていたい」なら運動習慣をつける、「英語を話せるようになっていたい」なら英会話の勉強をはじめる、「出世していたい」なら人脈を広げて仕事をいま以上にがんばるなど、思い描いた未来からの逆算で、いま行動を起こすべきことが洗い出せるはずです。

このように自分の未来を具体的にイメージしてみることが、打ち込めるものを探す際のヒントになると思います。

◎**基本の心構え**
努力なしによい結果だけを求めるのは、愚かなこと

◎**今日からやるべきこと**
現状で打ち込めるものがない人は未来の「なりたい自分」を想像しいま起こすべき行動を洗い出して、その行動を継続する

## 修行その5 誰かに迷惑をかけられたら「お互いさま」の心で受け止める

世の中、必ずどこかで人と人とのトラブルが起きています。
生涯誰にも迷惑をかけず、誰からも迷惑をかけられずという人は、この世にただの

一人もいません。誰もがいつかどこかで、誰かに世話をかけたり、不快な思いをさせたりしながら生きているのです。人生はずっと、その繰り返しです。

お釈迦様の教えの一つに**「諸法無我《しょほうむが》」**というものがあります。この世のすべての存在は、影響を及ぼし合う関係によって成り立っていて、ほかと関係なしに独立して存在するものなどはない。あらゆる存在がこの共生関係によって変化しながら生かされているのだ、という教えです。

「自分は自立している、誰にも世話をかけずに生きている」と思っている人もいるかもしれませんが、それは人間の驕《おご》りにすぎません。

食糧や衣服が簡単に手に入るのも、水道の栓をひねるだけで衛生的な水が飲めるのも、日々歩く道が安全に舗装されているのも、この世に生きる誰かが手間をかけてくれたおかげです。なにより、自分という命がいまここに存在するのは、両親、ご先祖様、子どもの頃にお世話になった先生やお医者さんなど、数え切れない人々の支えがあってこそです。

人間関係も、大自然と同じように絶妙なバランスのうえに成り立っているということです。

これまでの人生を振り返ってみたとき、あなたがどんなに立派な人であっても、周囲との関わり合いのなかには少なからぬ「迷惑」が発生していたことでしょう。人に迷惑をかけられたときには、イラッとしたり、ムッとしたりすることなく**「お互いさまの心」**を思い出してください。

自分だけが迷惑をこうむっているのではありません。世の中は、持ちつ持たれつ、お互いさまで支え合っているのです。

そのうえで自分自身は、**なるべく他人に迷惑をかけないように慎んで生きる、いつも謙虚にふるまう、他人に優しく接する、人の痛みや苦労を想像する**といった心がけを忘れないようにしてください。

これが、人としてもっとも大切なルールです。

### ◎基本の心構え

この世のすべての存在は「諸法無我」の共生関係のなかに生かされている

◎今日からやるべきこと
迷惑をかけられたり、不快にさせられたりすることがあっても
お互いさまの心で「いいですよ」と受け止める

## 修行その6
## 足るを知り、いまあるものに感謝する

一つを手にすると、また一つ、新たにほしくなるものです。もっとほしい、もっとほしいという欲には際限がありません。

伝教大師最澄の言葉に、**「道心の中に衣食《えじき》あり、衣食の中に道心なし」**というものがあります。

道心とは、仏道を修行して悟りを求めようとする心のこと。悟りを求める途上で最低限の衣食は足りる、その道に真剣に打ち込む人の生活が成り立たないはずはない。一方で、衣食に執着し、欲のままに生活していると、悟りを求めようという向上心は生まれてこないという意味の言葉です。

仏教では**「知足《ちそく》」**、つまり足るを知りなさいと説かれますが、これもなかなか難し

いものです。

とくに現代においては、大量消費社会と情報の洪水のなかで常に物欲が刺激されていますし、他人との比較のなかで「自分にはこれが足りない」「あの人と同じようにこれがほしい」といった欲心が生まれやすくなっていると思います。

しかし、そんななかでも足るを知り、**「ないものばかりにフォーカスしない」「いま手もとにあるもので楽しむ」**という考え方に転換していくことが大切だと思います。

そのためには、「感謝」が役に立ちます。**いまの自分が手にしているもの、いまの自分に与えられているものを一つひとつ数え上げて、そのすべてに「ありがとうございます」と心から感謝しましょう。**

## ◎基本の心構え

物事に執着し、欲のままに生活していると
悟りを求めようという向上心は生まれてこない

◎今日からやるべきこと

自分にないもの、足りないもののことを考えるのをやめる

いま、もっているものを一つひとつ数え上げ、それに感謝する

## 修行その7 誰かを喜ばせるようなお金の使い方をする

「お金」は幸せや成功の象徴とされる反面、ときに、苦しみや諍《いさか》いの源と言われることがあります。なかには、お金を悪いもの、汚らわしいもの、嫌らしいものとして考える人もいます。

しかし、お金そのものに罪はありません。

私も昔、ごはんを食べていくのがやっとという経験をしましたが、それでもお金という存在が悪いものだと思ったことはありませんでした。

この世の中において、お金は価値交換のための大切な道具です。

**私は、お金はご縁の賜物《たまもの》だと考えています。**

宝くじが当たったなどの特別なケースを除き、**ほとんどの場合、お金は人の手を介**

**して自分のもとにやってきます。**

勤務先から出るお給料、商売の売上げや仕事の報酬金、人生のさまざまな節目でのお祝いのお金や、謝礼のお金、プレゼントとして渡される金品など、すべて人と人とのかかわりがあって、そのうえでお金の流れがあります。ビジネスでも、人の紹介で新たなご縁が生まれ、そこから事業が拡がっていきます。

つまり、**お金にまつわる運の善し悪しは、人間関係の善し悪しとつながっている**のです。

目の前の人に敬意を払い、そのご縁に感謝し、あらゆる人間関係を大切にし、周囲の役に立てるように努力を続けていけば、やがてそれが金運を上向きにさせることになるのではないでしょうか。

縁をうまくつなぐには、自己の欲を少なくすることも大事です。

「自分さえ得をすれば」とばかりに、他人を踏み台にしている人、他人と成果を分かち合えない人は、それがいつか必ず自分にも返ってきます。

また、自分のためばかりにお金を使ったり、貯め込んだりする人もいますが、お金がご縁の賜物であるということを考えると、それではよい運気を呼び込めません。お金を使うときにも、なるべく気づかいのある使い方をしたいもの。

気づかいのあるお金の使い方とは、**誰かを喜ばせるようなお金の使い方**です。

気づかい、心づかいは人間関係の潤滑油です。誰かを笑顔にするような利他の気持ちを伴ったお金の使い方は〝生きたお金の使い方〟であり、確実にご縁を広げることでしょう。

## ◎基本の心構え

お金はご縁の賜物、つまり人間関係の賜物である

## ◎今日からやるべきこと

与えられたご縁に感謝し、あらゆる人間関係を大事にする

誰かを喜ばせるようなお金の使い方をする

修行その8

## 失敗を恐れずに、なんでもやってみる

いただく仕事というのは、仏様や神様が与えてくださった修行です。

いま、あなたが毎日こなしている仕事は、それが社会的な職業であれ、家事や育児であれ、仏様や神様が「やってごらん」と与えてくださったものです。仏様や神様は、その人が乗り越えられない試練は絶対に与えません。ただし、できるかできないか、ギリギリのところを与えてくださいます。

それは、その先にこそ人間的な成長があるからです。

仕事でも勉強でも、自分の力で楽にできる課題だけをこなしていたのでは、実力は現状維持にとどまります。しかし、**一見「無理だ、できない」と思えるような高い壁に挑戦して、それを乗り越えたとき、その人は一つ成長している**のです。

何度やってもダメ、これでもかと努力してもなかなか結果が出ない。そんな失敗の連続もあるでしょう。しかし、その失敗を一つひとつ反省して、「次こそは」という気持ちで挑戦し続けることです。

同じ「できない」という状態でも、なにもせずに最初から投げ出して「できない」という状態と、一歩前に踏み出したけれども失敗してしまって「できない」という状態とでは意味が違います。

**成功するか、失敗するかはわからなくても「とりあえず、やってみる」「何事も挑戦してみる」という精神をもつこと。**するど、成功も失敗も、どちらも宝だということがわかります。

失敗や挫折を過剰に恐れる人がいますが、それらは他人から見た外見的な評価にすぎません。本人にとっては、貴重な学びの機会です。反省なく、何度も同じ失敗を繰り返すのは問題ですが、学びの機会だと思えば、どんな難題にも立ち向かっていけるはずです。

成功したり、よい結果が出たりしても、周囲がほめてくれるのはそのときだけ。また次を期待されますので、さらなる努力が必要です。

私たちの知らない学びは、山のようにあります。

目の前の山を登るか、登らないかは、自分の心次第です。そして、目の前の一つひとつの山を登り続けるからこそ、より高い山に到達できて、夢がかなうのです。

◎基本の心構え

いただく仕事は、仏様や神様が与えてくださった修行であり成功も失敗も、どちらも自分を成長させてくれる宝である

◎今日からやるべきこと

失敗を恐れずに「とりあえず、やってみる」という挑戦の心をもつ

## 修行その9

## 泣ける話よりも「笑える話」をする

近年、笑うことの効能が科学的にも評価されています。

私たちが笑うと、脳の、免疫のコントロール機能をつかさどっている部位に興奮が伝わり、神経ペプチドという善玉の脳内物質が活発に分泌されるそうです。この物質は、血液やリンパ液にのって流れ出し、身体中をめぐり、がん細胞やウイルスに感染した細胞をやっつける役割を果たしているNK細胞（ナチュラル・キラー細胞）の表

面に付着して、その働きを活性化させます。その結果、身体の免疫力が高まるというわけです。

逆に、悲しみやストレスなどはＮＫ細胞の働きを鈍くし、免疫力も下がってしまうことがわかっています。

仏教でも、笑うことは心身によいと説かれます。また、人と人との心が通い合うためにも笑顔はなくてはならないものです。

私たちは誰しも、笑うと気持ちが明るくポジティブになります。笑顔は人間関係の潤滑油ですから、笑顔の数だけ、プラスのエネルギーがその空間を飛び回っていることになります。

誰かとおしゃべりをするときには、**泣ける話や、不平不満や愚痴よりも、「あはは」と大声で笑い合えるような内容**を選びましょう。

なにも、芸人さんのようにおもしろおかしいネタを用意しなくてもよいのです。**自分から率先して明るく元気に笑う、ムードメーカーを心がける。**これだけでも充分です。笑顔は伝染しますから、あなたが笑えば、周囲にも自然と笑顔が増えていきます。

まずは、家族でも友人でも、自分の身近にいる人を笑顔に変えるようなコミュニケーションをしてみてください。

◎基本の心構え

「笑い」は心と身体を健康にする

◎今日からやるべきこと

誰かと会話するときには

不平不満や愚痴、泣ける話よりも笑える話をする

## 修行その10

## 心配事や不安があっても、あえて考えないようにする

人間は、自分の心の向いた方向に、エネルギー、すなわち運気が運ばれます。その結果を私たちは「運がよい」とか、「運が悪い」とか呼んでいるだけなのです。

要は、自分の心がどちらを向いているのかということです。

ときには、「今日はツイてないなあ」と思う日もあることでしょう。これは自分の

内側ではなく、外側からもたらされることに対する反応です。

まず理解しておかなければならないのは、外的環境は、いつも自分の思うとおりのお膳立てをしてくれるわけではないということです。晴れの日があれば雨の日もあるように、どうにもならないことは必ずありますし、人生はどうにもならないことの連続です。

それを、どうにかしようと思わないこと。

**どうにもならないこと、自分の思いどおりにならないことに対して、どうにかしたいと思う心のとらわれを捨てることです。**

そのためには、目の前の出来事に一喜一憂しないことが肝心です。

困った事態も、苦しい状況も、「しょうがないな」と受け止めましょう。考えても仕方のないことで「なんで?」「どうして?」と悩まないようにしましょう。ましてや、誰かを責めたり、うまくいっている他人を妬んだりすることは、自ら負のスパイラルに飛び込むようなものです。

事態を受け入れ、心を次の局面に向けて、明るく前向きにイメージしましょう。

もし、外側からマイナスの出来事がやってきても、自分の内側でプラスに転換できれば、自然とよい方向に運ばれていきます。

心の在り方が正しければ、普段のおこないもおのずとよくなり、仕事も人のご縁もよいほうに向いていくでしょう。すると不思議なほど良運、良縁がやってきます。

◎基本の心構え
人生は、自分の思いどおりにならないことの連続である

◎今日からやるべきこと
心配事や不安があってもあえて目を向けずに
クヨクヨと悩む時間をなくす

## 修行その11

## 一日のうちに「ひもじさ」を感じる時間を作る

人間は追い込まれると、眠っている力が働きはじめます。
私自身、かつておこなった千日回峰行や四無行、そして八千枚大護摩供で、それを

何度も身をもって体験しました。

八千枚大護摩供という大きな法要に入る前のいわば前行として、100日間、五穀と塩を断ったことがありました。人間の生命維持に、塩分（ナトリウム）は必要不可欠なものです。100日間も塩が摂れない状態は身体にとって危険なことですが、それに関する師匠の言葉がいまでも記憶に残っています。

「そういう状況で人間は、ほうれん草を食べても塩分を摂ろうとする。私たちの胃腸は、普段はほうれん草から塩分なんて摂らないでしょうが、いざとなると人間本来の機能が働き、お腹に入ったものをすべて吸収するようになるんです」

事実、ほうれん草などの野菜には微量のナトリウムが含まれています。塩で味つけをしなくても、必要に迫られれば、微量のナトリウムも余すところなく吸収して身体に補うことができるのです。

9日間にわたり一切の水や食物を断つ四無行では、中日《なかび》という行の中間である5日目以降、一日一回だけ、うがいが許されるようになります。

その5日目、全身がからからに渇いた脱水状態で水を口に含んだ瞬間、口の粘膜からチュルチュルという音が聞こえた気がしました。そして、みるみるうちに身体の細胞が生き返ったように元気になったと感じました。極限状態で、粘膜がごくごくわずかな水分を吸収したのでしょう。

もちろん飲むことは許されませんから、のどから下には絶対に水を入れませんでした。また、何人もの立ち会いのもと、うがいの前後で水の分量が変わっていないかを慎重に確認します。「間違いありません、水の量は同じです」と言っていただき、四無行も無事に満行しました。

この四無行の最中は、全身の感覚が研ぎ澄まされていました。五感が鋭敏になり、線香の灰が落ちる音さえ聞こえ、その落ちていく様子がスローモーションで見えたりしたものです。嗅覚も敏感になります。行じているお堂に人が入ってくると、扉がらりと開いた瞬間に、匂いで誰がやってきたのかがわかるという具合です。

五穀塩断ちや四無行のような荒行は大変危険で、一般のみなさんにおすすめできるものでは決してありませんが、日常生活のなかで誰でも実践できるシンプルな方法があります。

それは、**「粗食」**と**「腹八分目」**の習慣です。

そして、空腹を悪いことととらえず、**ときには「ひもじい」感覚を味わって心と身**

**体をリセットする**ことです。

三度の食事から、酒の肴《さかな》や甘味などの嗜好品まで、望めばなんでも口にできる飽食の時代。「あれが食べたい。これも食べたい」と、私たちはついつい必要以上に食べすぎてしまいます。ときには、たいして空腹感もないのに、「食事の時間だから」「口ざみしいから」と漫然となにかをお腹に入れるようなこともあるでしょう。

こうした栄養過多の生活が続くと、身体本来の機能が発揮されないどころか、胃腸や血管を疲れさせて心身の不調を招いてしまいます。

たとえば、**主食や甘いものに含まれる糖質は摂りすぎることで血糖値が乱高下し、イライラや不安など、精神の不安定につながる**ことがわかっています。ストレスを感じるとドカ食いや甘いものに走る人は多いようですが、実は、それがかえって心の調子を狂わせてしまうことになるのです。

**満腹感と栄養過多は身体だけでなく、頭も心も鈍らせる**ということです。

逆に、**適度な「ひもじさ」は身体の機能を強化し、心をクリアにしてくれます。**

日々の食事は満腹を避け、腹七分目か八分目にとどめておきましょう。「小腹が空いた」などと言って、すぐに間食に手を出すのもいけません。

好き嫌いせずに、まんべんなく食べることも大事です。断食のような修行は必要ありませんから、ほどよい加減、よい塩梅で、心身ともに健全を維持してください。

**◎基本の心構え**
空腹感が身体の機能を強化し、心の調子を整える

**◎今日からやるべきこと**
食事は満腹を避けて、腹七分目か八分目で切り上げる
間食もせず、一日のうちに「ひもじさ」を感じる時間を作る

## 修行その12 ネガティブな言葉を避け、ポジティブな言葉だけで過ごす

前向きな言葉は、よい運につながります。
言葉のもつエネルギーは強大です。前向きな言葉を使うと、前向きな現実を作り出

せますし、明るい言葉を使うと、明るい現実を作り出すことができます。

逆に、ネガティブで暗い言葉は、ネガティブで暗い現実を作り出すのです。

ネガティブな言葉とは、**「嫌だ」「嫌い」「できない」**といった否定的な言葉や、**「でも」「だって」「どうせ」**といった言い訳の言葉、若い人がよく使う「うざい」「むかつく」「きもい」などの攻撃的な言葉です。

また、**「運がない」「いいことがない」「お金がない」「つまらない」**といった、自分の現状に対する不平不満も、ネガティブな言葉の仲間に入ります。

不平不満や愚痴を吐き出すことでストレス解消になると言う人もいるかもしれませんが、本当の意味で心が晴れることはありません。ネガティブな言葉は、まるで人生をマイナスの方向にひっぱる呪文のように自分のなかに堆積していき、心を暗い色に変えてしまいます。

**ネガティブな言葉を口にしているとき、あなたの心の針は必ず、闇のほうを向いているのです。**

自分の口癖は自分ではなかなか気づけないものですが、今日から意識して、前述のようなフレーズをよく口にしていないか、注意を払ってみてください。

明るい心で夢をもち、いつも挑戦していると、不平不満はだんだん少なくなってくるものです。

また、できるだけ、プラスのエネルギーが満ちた環境に自分の身を置くように工夫することも大切です。

不平不満や愚痴の多い人と一緒にいると、マイナスのエネルギーを浴び続けることになり、聞いている側まで心が闇に侵されてしまいます。それをリセットしないと自分の運気も下がってしまいますので、会話の相手に対して「不平不満や愚痴が多いな」と感じたら、自分のほうはポジティブな言葉をどんどん口にして、エネルギーの仕切り直しをおこないましょう。

では、ポジティブな言葉とはどんなものでしょうか？

歩行禅で日々繰り返す**「ありがとう」**という感謝の言葉は、その代表格です。

その他、**「はい」「いいね」「おいしいね」「素敵だね」「楽しい」「幸せ」**といった肯定的な言葉や、**「お疲れさま」「調子はどう？」「無理しないで」**などの人を慈しむ言葉も、ポジティブなパワーに満ちています。

◎**基本の心構え**

ネガティブな言葉は悪い運気を呼び込み、ポジティブな言葉はよい運気を呼び込む

◎**今日からやるべきこと**

否定的、攻撃的な言葉と言い訳を一切やめてポジティブな言葉だけで一日を過ごしてみる

## 修行その13

## 嫌な仕事も「はい」と引き受ける

私は、**「はい」という返事は人生を好転させる魔法の言葉**だと思っています。

以前、仙台市内で、見知らぬ男性から「塩沼亮潤さん！」と声をかけられたことがありました。私の本を読んだり、法話を聞いてくださったりした方のようです。

その男性が、笑顔でこんな話をしてくれました。

「朝、私が仕事に行くときに嫁さんが『ごみを出していって』と、ごみ袋をもたせる

んですよ。それが嫌で嫌で、毎回「おまえがやれよ」と文句を言いながら出かけていたんです。でも、塩沼さんが『〝はい〟というのは魔法の言葉ですよ。騙されたと思って、嫌なことに対しても明るい声で〝はい〟と返事をしてみてください』と言っていたのを聞いて、その次の日から〝はい〟って、いい返事で引き受けるようにしたんです。そうしたら1週間でごはんの盛りがよくなって、1か月経ったら夫婦の仲がよくなりました。ありがとうございます」

これぞまさに、「はい」の魔法のパワーです。

**自分の心がけ一つで相手がいい気分になり、それが波及して自分にも〝よいこと〟がもたらされるのです。**これが、家庭だけでなく職場や公共の場でも積み重なれば、人生はやがて〝よいこと〟で埋め尽くされていくでしょう。

ただし、言葉だけで、心が伴っていなければ意味はありません。心が伴っていない上っ面の言葉は、すぐにわかります。言葉と心と態度、これらが一体とならなければ、「はい」に限らずどんな言葉も相手に真意が伝わらないのです。

言葉の響きというのは、自分の心の現れです。

「はい」という言葉の響きはわずか0・1秒ほどですが、たったそれだけの短いひと言に心のすべてが映し出されます。

お寺で修行をしていた小僧時代、目上の人には絶対に逆らってはいけないという固いルールがありました。心のなかで、自分の考えを主張したいと思っても、師匠や先輩に対して、その感情をあらわにすることは決して許されません。

年長者、あるいは自分よりも先に入門した先輩には、たとえ理不尽なことを言われても「はい」と答えなければならない場面もあります。それも、常に「はい！」という気持ちのよい返事でなくてはいけません。なにがあっても、おもしろくない感情を表情や態度に表すことは絶対にできない決まりです。

ときには、弟子を鍛えるために師匠がわざと理不尽なことを言う場合があります。また、仏様が、修行として不条理な状況を与えてくださっているのではないかと思うようなときもあります。そのようにして、まだ悟りきっていない不完全な小僧たちの自我をへし折ってくださるのです。

みなさんも、仕事場や家庭で、気持ちよく首を縦に振れない場面に直面することが日々あることでしょう。そんなとき、「これは、仏様が与えてくださった修行なのだ」ととらえて、**意識的に明るい声を出して「はい」と返事をしてみてください。**

くぐもった声で嫌々ながら発する「はい……」と、朗らかな明るい声で発する「はい！」は、まったく違うイメージを相手に与えます。その人の心根が伝わり、相手をいい気分にも、嫌な気分にもさせます。人間関係をよくするも悪くするも、まさに自分次第。人生における運の善し悪しとは、こういう些細《ささい》なことから変わってくるものです。

「はい」は、人生をよい方向に導く魔法の言葉です。

そして、心が伴えば伴うほど、そのパワーは強力に現れてきます。

### ◎基本の心構え

「はい」は人生を好転させる魔法の言葉である

### ◎今日からやるべきこと

嫌なことを頼まれたときにも

明るい声で気持ちよく「はい」と返事する

## 修行その14

# 身のまわりのモノと心の「断捨離」をする

一時期、断捨離が大変なブームになりました。

断捨離とは、身のまわりにあふれるモノの数々を思い切って処分し、それによって「執着する心」も捨て去るという、部屋と心の整理術です。

部屋がきれいになるだけでなく、ストレスから解放されて心もすっきりするという効果があるようです。

人間の心は、理想と欲のあいだで揺れ動いています。欲深いのはいけないとわかっていても、モノやお金にまつわるさまざまな執着にとらわれてしまいます。

ほしいものを一つ手に入れれば、「次はあれがほしい、これもほしい」「もっとほしい」「もっといい暮らしがしたい」と、その欲には際限がありません。

ところで、欲をなくすためにはどうしたらよいでしょうか。

その答えは、**「欲をもたないこと」**です。

身のまわりのモノを断捨離し、必要最低限な道具でシンプルな暮らしを徹底することは確かに、欲を減らして執着心をコントロールするための一助となりそうです。
一方で、執着心は「ほしいもの」だけに発揮されるわけではありません。

怒りや恨み、憎しみ、悲しみといったマイナスの感情に執着してしまうことも、人生において非常によくあることです。しかし、そこに心がとらわれてしまってはいけません。

**つらいこと、苦しいことは忘れてしまいましょう。**

**腹立たしいことや、悲しいことがあっても許しましょう。**

最初は難しいかもしれませんが、心の針をコントロールするエクササイズを続けることで、だんだんとできるようになっていきます。

また、**自分が成し遂げたことや、功績、自慢、見栄《みえ》なども、執着せずにきれいさっぱり捨ててしまいましょう。**

「自分はこれほどすごい」「こんなに仕事をがんばった」「あれほど尽くしたのに」といったことに執着してしまえば、それを認めてもらえなかったときに心が闇に支配されてしまいます。

**捨てる、忘れる、許す。**

## これは、心の針をコントロールする際の三種の神器《じんぎ》です。

この根底にあるのが、私が23歳のとき、千日回峰行に入る前に師匠からいただいた「行を行じて行を捨てよ」という言葉です。

行というものは、他人に誇示するためのチャレンジでもなければ、冒険でもない。どれほどの苦行を修めても、行をしたということ自体を勲章にしたり、鼻にかけたりするのは間違いである、という教えでした。

たとえば、ほかの人ができない大変な行をして偉くなりたいというような損得勘定や自慢、比較の心など、そういうものがあってはいけないのです。これは仏道修行に限った話ではなく、一般社会でも同じことだと思います。

仕事でどんなに大きなことを成し遂げても、その功績に執着していたのでは、それから先の成長はありません。悪いこともよいことも、人間は捨てることで成長を続ける生き物なのです。

◎基本の心構え

「捨てる、忘れる、許す」心でこそ人間は成長する

◎今日からやるべきこと

身のまわりのいらないモノを断捨離する

自分の功績や自慢、見栄に対する執着心も捨てる

## 修行その15

## 一日に5分でも掃除の時間を作る

お坊さんが毎日必ずやること、続けることの一つに掃除があります。ごみ一つ落ちていない清潔感、無駄なもののない凛《りん》とした風景、なんとも言えないすがすがしい空気などは、どのお寺にも共通するものではないでしょうか。

仏教には「一掃除二信心」という言葉があります。お坊さんたちの修行でまず一番目に大切なのは掃除、二番目に仏教の学びをすることであるという意味です。

この世界では、「掃除を嫌うお坊さんは、お坊さんではない」とも言われます。そ

れくらい、お坊さんにとって掃除は基本中の基本なのです。

**掃除には、心や頭を整理する効果があります。**

日々、身のまわりを清潔に保ち、整理整頓をすることで、すっきりした心で仕事や家事に臨むことができます。

ほこりっぽかったり、汚れが目立ったりする環境では気持ちが晴れません。部屋が散らかっていて、どこに何があるのかわからないような状態だとイライラが生まれますし、「あれがない、これがない」と捜しごとで時間のロスも多くなるでしょう。職場のデスクにしても、きちんと整理されていて必要な書類や資料がすぐに出てくる状態ならば、物事がスムーズに進みます。

無用なストレスやイライラを避けて心を安定させるためにも、ぜひ、掃除や整理整頓を習慣づけておきましょう。

私も小僧時代には毎日の作務として、来る日も来る日も、朝早くから何時間もかけてお寺の掃除をしていました。掃除には自分の心が反映されます。

たとえば境内《けいだい》の掃き掃除一つをとっても、少しでも手を抜けば、誰にでもわかるくらい美しくないのです。

また、普段見えないような部分、誰も気にしないような場所まできれいにするという心がけが生まれると、自分の迷いや執着も一掃されるような、〝心の掃除〟がなされるような感覚がありました。

どんな世界でも、第一線で活躍する人、世間で「一流」と呼ばれるような人は総じて整理整頓がうまく、きれい好きなものです。スポーツ選手などは、自分の使う道具の手入れを徹底しているという人も多いようです。「きれいにする」ことの精神的作用を経験的に知っているからでしょう。

逆に、住居や身のまわりが異様に荒れている人は、心に病的な不安や抑うつを抱えているなど、メンタルに問題がある場合が少なくないと言います。そこまではいかなくても、仕事に忙殺されたり、落ち込んだりすると部屋も散らかってしまうという程度なら、身に覚えがある人も多いかもしれません。

つまり、**住環境は、住む人の心の状態を映す鏡**でもあるのです。**掃除をすれば、心が整います。心が整えば、掃除も楽しくなります。**この好循環がルーティンになるように、一日5分でも10分でもよいので、掃除の時間を生活のなかに組み込みましょう。身のまわりがきれいならいつもすっきりとした心でいられることを、すぐに実感できるはずです。

◎**基本の心構え**

生活の基本は「掃除」

身のまわりがきれいに片づいていれば、心も整う

◎**今日からやるべきこと**

部屋や仕事机が散らかっていたら片づける

一日5分でもよいので掃除の時間を設け、毎日の習慣にする

## 修行その16

## 過去と未来を考えすぎず、今日一日にベストを尽くす

19歳のときに吉野山に入り、20歳を迎えたときに、お師匠さんから1枚の色紙をいただきました。

私のほかにもう一人、20歳の者がおり、「今日は君たちの成人式だから」と言って

私たち二人にそれぞれ、別々の内容で色紙に言葉をしたためてくださったのです。

私の色紙には**「将《おく》らず、迎えず、応じて、蔵《おさ》めず」**という荘子の言葉が書いてあり、お師匠さんにその意味を説明していただきました。

「将らず」というのは、過ぎ去ったことにくよくよしない心。

「迎えず」というのは、これから来る未来のことを思い悩まない心。

「応じて」というのは、そのとき、そのときに精いっぱい、最善を尽くす心。

「蔵めず」というのは、恨みや憎しみの念をしまい置かない心です。

色紙をいただいた20歳の当時は、「お師匠さんが、こんなにも思ってくれていたんだ」という感激と嬉しさが先に立っていましたが、年を重ねるごとに、この言葉の意味が深く深くわかってきたような気がします。

修行その14で挙げた「捨てる、忘れる、許す」にも通じるものがありますが、「将らず、迎えず、応じて、蔵めず」もまた、**心の針をコントロールするためのカギとなる言葉**です。

嫌なことはさっぱり忘れる。

取り越し苦労はしない。

置かれた状況を受け入れてベストを尽くす。

そして、結果がどうあっても、それをいつまでも心に残さない。

悩み多き人生を送っている人が、すぐにこのような境地に達するのは難しいかもしれませんが、それでも、諦めないでこの4つの言葉を心がけ、実践していただきたいと思います。

### ◎基本の心構え

将らず、迎えず、応じて、蔵めず

### ◎今日からやるべきこと

過去にクヨクヨせず、未来を思い悩まず
今日できることにベストを尽くし、
結果がよくても悪くても執着しないようにする

できないことでも、日々継続してこそ修行であり、エクササイズです。「自分には無理だ」と投げ出さずにがんばって練習していれば、いつの日か必ず、できるようになります。

「薫習《くんじゅう》」という言葉をご存じでしょうか。時間をかけて衣服に香りが移るように、考え方や習慣が、心にだんだんと浸透することです。一朝一夕には身につかなくても、この章に挙げた16の「小さな修行」を積み重ねていくことで、ここまで綴ってきたような心がいつの日か必ず、自分の生き方そのものになります。

また、そこに到達するまでの時間は、自分の心がけ次第でスピードアップが可能です。**「小さな修行」を一つだけ実践するよりは、できるだけ多くを実践したほうがより速く心が整いますし、また、冒頭の繰り返しになりますが、歩行禅とあわせて実践することで大きな相乗効果が得られます。**

「人生ってすばらしいなあ、いろいろなことに感謝だなあ」

ある日、そんなふうに思えたら、あなたの心が精神的大転換をはじめた兆《きざ》しです。

まずは、そんな兆しを感じ取れるまで、心のエクササイズをがんばってみましょう。

# 第4章

# 誰でも三日坊主がなくなる「続ける技術」

## いちばん大切な「継続」が、いちばん難しい

この本のテーマである「歩行禅」も、前章に挙げた16の「小さな修行」も、毎日継続して、人生のルーティンとすることが重要です。最初から完璧にできなくてもかまいませんので、とにかく投げ出さずに続けることが大事。うまくいかなくても、今日より明日、明日より明後日と、向上心をもって繰り返すことです。

同じことを同じように繰り返すことの大切さやルーティン化することの意義は、これまでにも随所でお伝えしてきました。ですから、「その話は、耳にタコができるほどだ」と思われる読者も多いかもしれません。それでも重ねてお伝えするのは、これがもっとも大切なことであり、かつ、もっとも難しいことだからです。

ここまで読んできて、「三日坊主になりそうだな」と思った人も、大勢いらっしゃるでしょう。しかし、最初から諦めてしまわずに、ぜひ継続する努力をしていただきたいと思います。

この章では、三日坊主になりそうなみなさんに向けて、「物事を継続するための極

意」について、私なりのアドバイスを綴っていきましょう。

## 継続の極意その1

## 「自分のため」でなく「誰かのため」に続ける

修行とは自分のためだけに続けるものでしょうか？　私は、そうは思いません。

ある講演会の終了後のことです。講演を聞いてくださった経営者の男性から「失礼かもしれませんが、一つお聞きしてもいいですか？」と、声をかけられました。

「ええ、どうぞ」と促すと、「千日回峰行って、自己満足ですか？」という質問が飛んできたのです。

普段、ここまでストレートに疑問をぶつけられる機会はなかなかないものです。思わずこちらも、力強くお返事をしました。

「いいえ、まったく違います。千日回峰行もすべての修行も、宗教者としての当然の努力です。学生が学校で精いっぱい学ぶことと同じです」

これはもちろん、嘘偽りのない本心です。そのうえで、いまの私の思いを率直な言葉でお伝えしました。

「たとえば今日の講演会を例にとりましても、主催者があり、そしてみなさまが足を運んでくださったお陰で、こうしてみなさまの前でお話しできるわけです。でも、世間のみなさまは明日も明後日も、あるいは1年後もずっと私の話を求めてくれる、言い方を変えればファンでいてくださるという保証はありません。経営者や企業も同じですよね？　すばらしい商品やサービスを提供しても、世の中が永遠にその企業の顧客でいてくれるかどうかはわかりません。同じことを続けていると新しいことを求められるし、新しいことを試せば、今度は『前のほうがよかった』と言われてしまう。ですからその狭間で絶えず努力をして、自らをクリエイトしていかなければなりません。ですから私は、いかにみなさまがよりよい人生を送ることができるかを自分なりに試行錯誤し、今日よりも明日、明日よりも明後日と、精いっぱい努力していくのみです。それは修行時代もいまも同じです」

宗教者として、あまり上手な表現ではなかったかもしれませんが、講演の壇上とは違う、取り繕わない物言いに説得力を感じてくださったようで、その男性は「よくわかりました」と固い握手をかわしてくださいました。

私がお伝えしたかったのは、私たちは常に自分以外の人たちからのニーズが存在意義になり、成長のための原動力になっているということです。これは、**私たちには「みなさまのお役に立つこと」という役割がある**──と言い換えられるかもししません。宗教者としての修行もその一環であり、決して自己満足にとどまるものではなかったと思っています。

私が日々の努力を続けられるのも、この「みなさまのお役に立ちたい」という思いがあるからです。私たち人間のいちばんの喜び、そして幸せは、人と人、心と心がつながった瞬間にこそあるものです。人生における小さな修行の数々も、「自分のためだけ」におこなうものではありません。一つの行動の先には必ず誰かの笑顔が生まれ、その笑顔を受け取った自分にも笑顔が生まれ、これを取り巻くさまざまな人々にも笑顔が広がっていく。この循環を常にイメージすることで、モチベーションは確実に上がります。

実際、誰かに喜んでもらえたり、感謝されたりというのはとても嬉しいものです。

近年ブームになっているアドラー心理学で、「幸福になるためには共同体感覚を得ること。そして共同体感覚を得るには人に貢献すること、つまり『貢献感』を感じること」という考え方があるのをご存じでしょうか。この「貢献感」こそがまさに、小さな修行を継続するためのコツなのです。

みなさんも、なにか物事を継続させる際に、**自分一人のメリットだけでなくほかの誰かの喜ぶ顔を思い描いてみてください。**たとえば、「歩行禅を続ければ心が穏やかになる。そうすれば家族にも優しく接することができるし、みんなの笑顔が増える。家族の幸せな時間がどんどん増えていく」といった具合です。

自分一人のためだけにがんばることはつらくても、誰かのためならがんばれる。人間なら、そういうこともあるのではないでしょうか。

### ◎基本の心構え

私たち人間に与えられた役割は「みなさまのお役に立つこと」である

### ◎今日からやるべきこと

継続させたい習慣に「自分以外の誰かの喜び」という付加価値を探してみる

## 継続の極意その2

# 辛抱の先に見えてくるものがある

何事も、「自分にも上手にできるかもしれない」という〝手応え〟がないと続かないものです。しかし、ほとんど〝手応え〟が得られないことでも、投げ出さずに継続してさえいれば、いつか必ず人並み以上にできるようになります。

現代の合理主義的な風潮のなかではあまり流行《はや》らない言葉かもしれませんが、「辛抱」という意識を改めて見直してみてください。

私はいまでこそ人前でお話しをさせていただくときも自然体でできるようになりましたが、奈良での修行を終えて仙台に帰ってきた頃は、人様の前でお話しするのも、文章を書くのも大の苦手で、下手くそでした。

そんな折、突然に「講演をしていただけませんか」という依頼が舞い込みました。

しかし、苦手なことで、どうすればいいかわからない。

でも、こう思いました。

「たとえ苦手なことでも、お声をかけていただいた以上は一社会人としてお応えしたい。そして、満足していただけるようにきちんとした仕事をしなければいけない」

そうして、できる限りの入念な下準備をして臨み、みなさんの前でお話をさせていただいたのです。

結果的にそのときは、自分も聴衆のみなさんも満足できるような立派な講演にはできませんでした。緊張して汗をかき、壇上で足は震え、巧みな話術もない、未熟な講演でした。声も、自信に満ちた説得力あるものではなかったと思います。

ただ、準備も本番も、精いっぱいにやりました。

しばらくすると、ありがたいことに再びお声がかかり、また別の機会をいただきました。そうして、下手なりに精いっぱいの努力を続けていくうち、やがて日本国内だけでなく海外からも講演に呼んでいただけるようになったのです。

英語で"Practice makes perfect."という表現があります。「練習すればうまくいくよ！」という意味です。日本のことわざでは「習うより慣れろ」とも言われますが、**最初は下手でも、うまくいかなくても、投げ出さずに繰り返していくことで上手になっていきます。辛抱の先に見えてくるものがあるということです。**

この本でお伝えしてきた「心の針のコントロール」も、まずは辛抱が肝心です。最初のうちは針の動きに振りまわされるばかりで、コントロールどころではないかもしれません。また、前章の「小さな修行」も、一つひとつは簡単そうでも、いざやってみると我が邪魔をして、そううまくはいかないかもしれません。

それでも、挑戦してください。そして、挑戦を続けてください。

最初から「無理だ、ダメだ」「どうやっていいのかわからない」と言って何もしないのと、「それでもやってみよう」と一歩踏み出してみてからわからないことが出てくるのとでは、同じわからないでも、まったくわけが違います。最初はできなくてもいいから、まずは一歩前に出て、とにかく心と身体を使ってみることです。

たとえうまくいかなくても、その経験が次につながります。そのトライ＆エラーの積み重ねが、あなたのレベルをステップアップさせるのです。

## ◎基本の心構え

最初はできなくて当たり前。継続すれば必ず上手になる

でも、「無理だ」と決めつけてやらなかったら一生できないまま

◎今日からやるべきこと

苦手なことでも挑戦してみる

そこでできなかったこと、わからなかったことを次につなげる

## 継続の極意その3 「できない」状態が長く続いても諦めない

人生とはまさに修行の連続です。日々、明るく精いっぱい生きる人生が修行そのものなのです。

平成11年9月2日、千日回峰行を満行した私は「大阿闍梨《だいあじゃり》」という称号を与えられたことになります。しかし、そこでの達成感は一切ありませんでした。それは、千日回峰行が人生の通過点にすぎず、このあとも、死ぬまで終わりなき修行の道が続くことを感じていたからかもしれません。

一方で、このように言われることがあります。

「塩沼さんはいいですね。大変な行をされて、お坊さんとして本当にすばらしい人生を歩んでおられますね」

「大きな行をされて、お坊さん冥利《みょうり》に尽きますね」

また、阿闍梨というと、なにか特別で神聖な霊力をもっているようなイメージを抱かれることもありますが、決してそんなことはありません。

私がまだ小僧だった頃、いまの皇太子殿下が吉野山においでになったことがあります。その際、殿下は千日回峰行に関して非常に興味をもたれ、私の師匠に「成就した人はどうなりますか？」とお尋ねになりました。

それに対し、師匠は「大行満大阿闍梨といって、お坊さんの世界では、大学でいうところの教授職のような称号を得ることができます。ただし、社会的にはなんの価値もないものです」と答えていたのを覚えています。

表現は不適切かもしれませんが、阿闍梨の称号は本山からいただく紙切れ1枚の話であり、僧侶としてのゴールではないということです。

実際、山での修行を終えたのちに、すぐに宗教者として完璧な精神が身についたのかと言うと、決してそうではなかったように思います。

序章で、人生の「四苦八苦」のお話をいたしました。

人間として誰しも逃れることのできない宿命である「生・老・病・死」の四苦、そして、人間として人生を歩むなかで味わう4つの困難、「求不得苦」「愛別離苦」「怨憎会苦」「五蘊盛苦」を合わせた四苦八苦です。

このうち後半の4つは、避けようがない前半の4つと違い、自分の心をうまくコントロールすることによって解決できるものだとお伝えしました。

私の場合、ほしいものが手に入らない「求不得苦」、愛する人と別れる「愛別離苦」、世の中はままならないものだという「五蘊盛苦」の3つの苦しみは比較的すんなりとコントロールができるようになったのですが、最後まで残っていた心の課題が「怨憎会苦」、つまり、嫌いな人と顔を会わせる苦しみでした。

千日回峰行や四無行を満行したあとも、本山を下りて仙台に戻り、自分のお寺を開いたあとも、しばらく「この人は嫌いだな、どうしても苦手だな」という気持ちを100%払拭《ふっしょく》できない相手がいたのです。

このエピソードについては、第2章にも詳しく綴りましたが、「嫌いだな、苦手だな」という気持ちにとらわれていた時間は、正直に申し上げて、かなり長い年月でした。

「自分はお坊さんなのだから。仏様の教えをみんなに説いていかなければならない立場なのだから。怨憎会苦の心は、自分の努力でコントロールができるのだから……」

そう頭ではわかっているのですが、いざ、本人を目の前にすると1％何かがひっかかり気持ちがすっきりしません。どうしても、心の奥底の部分では割り切れなかったのです。

「どうしてあの人は、あのような態度をとるのかなあ」

「どうして自分は、あの人と気が合わないと感じるのかなあ」

「自分が好きな人も嫌いな人も、分け隔てない気持ちで相対するにはどうしたらいいのかなあ」

このような問答を、心のなかで長い間続けていました。お坊さんとして「平等に慈しみの心をもちましょう」と言う立場の人間が、自分のできないことを〝物知り顔〟でみんなに説いても、言葉に力がないからです。

あるときふと、**その嫌いだった相手を喜ばせたいなと思い、いつもとは違う笑顔で話しかけてみました。すると相手からも、いつもとは違う笑顔と優しい言葉が返ってきました。**人間関係とは自分の心次第なのだと悟ったこのとき、私はようやく怨憎会苦の心をクリアできたのです。

出家してから、じつに十数年が経った頃の出来事です。これが、私の人生が闇から光へと転じた瞬間でした。

10年以上「できない」状態が続いても、決して自分を責めないでください。仏様や神様、そして大自然は必ずあなたの心のなかにある努力を見てくださっています。**諦めずに思い続けていれば、あるときに時機が訪れて、意外なほどすんなりと「できる」ようになる場合があります。**ルーティンの継続とはすこし意味合いが異なりますが、人として正しい思いを継続させると、その先に仏様は思わぬプレゼントを用意していてくださるということです。

◎基本の心構え

長年抱えている心の課題も、努力していればいつか必ずクリアできる

◎今日からやるべきこと

できないことがあっても諦めず「どうしたらできるようになるか?」と考えながら今日より明日と情熱を笑わない

## 継続の極意その4

# 「答え」や「近道」を求めない

前項で「怨憎会苦」のお話をいたしましたが、会いたくない人とどうしても会わなくてはいけなかったり、コミュニケーションをとらなければならないというのは、とても苦痛なことでしょう。また、どんな人にも平等に接することも実際には難しいですし、頭では理解できていても、なかなか実行はできないと思います。では、そんなときはどうすればいいのでしょうか。

残念ながらその問いに関しての答えはありません。またいろいろな体験談も参考にはなるでしょうが、大きな気づきと出会えるタイミングは千差万別です。

ただ一つ言えるのは、**好きになろうと努力して、それを思い続けているうちに、いつか本当にそうなれる**ということです。

自転車だって、誰も最初は乗れません。でも、諦めず、一生懸命がんばって練習を続けているうちに感覚がつかめてきて、あるとき「あっ、乗れた！」と光に転じる瞬間が訪れる。実は修行も同じなのです。

みなさんの仕事や勉強もそうでしょう。「嫌だなあ」と思って手を抜いたり、投げ出したりしたら、いい結果は出ません。これは、人生すべての局面において言えることです。「自分の人生、どうしてこうなんだろう」と投げやりになってしまったら、人生はますます、うまくいかなくなります。

多くの人は、物事に「答え」や「近道」だけを求めがちです。

本屋さんに並んでいる膨大な数の本の表紙にも「10日間で英語の達人になる技術」「明日から仕事がデキる社員になる方法」といった、お手軽さを売りにする宣伝文句が躍っています。しかし、楽をして得た内容で本物の実力が身につくでしょうか。

労せずして得られるものなど、それほど重要なものではありません。

ただひたすらにルーティンを繰り返し、失敗しても、うまくいかなくても、**光のほうへ向かって諦めずに努力を続ける生き方が「王道」にして最短の「近道」**なのです。

歩行禅を実践していて、ときには「こんなに地味なことを続けて、本当に意味があるのだろうか？」とか「いったいいつまで継続すれば、自分の人生は変わるのだろうか？」などと考えてしまいたくなる日もあるかもしれません。

しかし、そこで安易に「答え」や「近道」を求めない姿勢も大切です。

序章や第2章で、お釈迦様の「同じことを同じように情熱をもって繰り返している と悟る可能性がある」という言葉をご紹介しました。この言葉が示すとおり、**なにか一つのことをひたすらに継続すること、それ自体に大きな意味があるのです。**

◎**基本の心構え**

継続することそれ自体に意味があると心得る

◎**今日からやるべきこと**

反則、横着、ごまかしをしないと心に誓う

## 継続の極意その5 日誌をつける

序章でもお伝えしたように、私は、千日回峰行の最中に一日も欠かさず日誌をつけていました。これは行の決まりごととして定められていたものではなく、自発的なルールとしておこない、継続していたものです。

毎日、お山での厳しい行を終えて参籠所に戻り、眠る前のひとときを日誌の時間にあてていました。その日に遭遇した出来事や、お山で感じたこと、気づいたこと、歩きながら考えたことなどを思うままに書き綴っていたのです。

疲れが極限に達し、たったの一行しか書けない日もありました。

しかし、終わってみれば、この日誌は千日回峰行のよき伴走者でした。

仮に日誌をつけていなかったとしても満行はできたはずです。つまり、日誌が継続のための必須条件というわけではないのですが、振り返ってみると、この習慣が私の一つの支えになっていたと感じます。日誌に、**その日その日の思いの文を書き出すことで自分の心が客観化でき、心を整える効果があった**ように思うのです。これは、**一種のカタルシス効果（心の浄化作用）**なのかもしれません。

お山で行じている時間は人と話してはいけない決まりがありますし、行を終えてからも、洗濯や翌日の準備などに追われ、誰かとゆっくりおしゃべりする時間などはありません。そんな状況のなか、つらい思いは日誌に吐露することで、どこかすっきりするような気がいたしました。

一方、お山で得た悟りの心や光に満ちた気づきは、文字にして書き留めることで、より深く、心に刻み込まれたように思うのです。

いま、その内容を振り返ってみても、行に入ったばかりの頃から時間を経るにしたがって心の風景が光あふれる方向へと変わっていく様子がよくわかります。つまり、**修行の成果を相対的に確認できるツールにもなる**ということです。

自分の心の変化は、自分自身ではわかりにくいものです。それは、差し向かいで、この目で見ながら確認することができないからです。それをアシストしてくれるのが日誌です。

みなさんも、歩行禅や第3章の「小さな修行」を実践するとともに、日誌をつけてみてください。

日誌の中身はなんでも結構です。たとえば、**懺悔や感謝のリスト化や、瞑想中に思い浮かんだこと、心の変化の気づき、「小さな修行」の成果や失敗など。主観にすぎない内容でもまったくかまいません。**心に限らず、体調面の変化を記録するのもよいでしょう。ウォーキングの継続で、思わぬ健康効果やダイエット効果があるかもしれません。

もちろん、文字数や形式などに縛りも必要ありません。日ごと、気のおもむくままにメモするくらいの気持ちでＯＫです。

ただし、パソコンやスマートフォンに打ち込むよりは、アナログな方法ですが、実際に手を使って、紙に書き留めることをおすすめします。

たとえば、仏教では功徳を積むための行為の一つとして「写経」がありますが、この写経には、ストレス解消や、心を癒やしてリラックスさせる、集中力を高めるなどの効果があると言われています。これと同じように、**日誌も手書きのほうが、心を整える効果が高い**ように思います。

ぜひ、ノートを一冊用意して「歩行禅日誌」をつけてみてください。三日坊主になりがちな人でも、必ず、継続の糧になるはずです。

### ◎基本の心構え

自分の心の変化が目に見えてわかれば、やる気も続く

### ◎今日からやるべきこと

ノートを一冊用意して「歩行禅日誌」をつける

## 継続の極意その6

# やらなければいけない「しくみ」を作る

歩行禅に限らず、ジム通いでも、勉強や仕事でもそうなのですが、やりはじめる前、着手する前はとても腰が重いものです。しかし、一歩足を踏み出してしまえば、意外にすんなりと〝やる気〟は軌道に乗ります。

何事も、一歩足を踏み出すことにいちばん労力がかかるのです。飛行機は離陸のときにエンジンパワーを最大にしますが、それと同様に「いざ、やりはじめるまでが大変」という心理は、多くの人に心当たりがあるものではないでしょうか。

そこで、**行動に直結する〝しくみ〟**を作ってしまいましょう。

〝しくみ〟とは、物事をうまく運ばせるための工夫や計画のことです。たとえば、事前にお膳立てをしっかりしておくことも〝しくみ化〟の一つです。

千日回峰行では、毎日、合計38種類の持ち物を携えてお山に向かいます。お弁当、水筒をはじめ、険しい山道に欠かせない杖や、暗闇を灯《とも》すロウソク、怪我をしたときの薬から包帯まで、多種多様です。これらのうち、どれか一つが足りなくても大事になります。
袈裟や鈴懸《すずかけ》、地下足袋といった衣類とともに、38種類の持ち物をすべて確認し、足りないものがあったら補充して、前の日の晩に枕元に準備しておきます。翌朝はそれを身につけて出発するのみ、という状態に条件を整えるのです。

このように、歩行禅に必要なものを前日にそろえて、玄関先に置いておくなどの工夫をするのはいかがでしょうか。**状況を強制的に作ってしまうことで「やらざるを得ない」ところに自分を追い込むのです。**

通勤時間に歩行禅をおこなう人なら、あえてビジネス用の靴とウォーキング用の靴を別々に用意するというのも手です。ビジネス用の靴は、会社で履き替えられるようにシューズバッグに入れて通勤かばんと一緒に置いておき、玄関のたたきにはウォーキング用の運動靴を出しておく――といった〝しくみ化〟が可能だと思います。

また、一日に1~2時間程度、歩行禅のためだけの時間をもうけられる人なら、「やるぞ!」という宣言を兼ねてシューズやウェアを新調してみるのもいいでしょう。

**「まずは形から入る」というやり方は、意外とばかにできず効果を発揮するものです。**

お坊さんの場合も、お寺に入門したら剃髪をして法衣《ほうえ》を授かります。これらの儀式は気持ちを新たにする効果がありますし、今後の継続を見据えて、気合いも入ります。シューズやウェアの新調でいくらかのコストをかけたなら、「お金を無駄にしないためにも、しっかりやらなくちゃ。続けなくちゃ」という意識にもつながるはずです。

また、**夫婦や友達同士で誘い合い、時間を決めて日課にするのも上手な〝しくみ化〟の方法です。**継続のための動機になり、サボりの防止にもなるでしょう。

ある程度、強制的な〝しくみ〟を作ることで、「疲れている」「気分がのらない」といった言い訳や怠け心が次第に消えていきます。とにかく、最初の一歩を踏み出すことです。そうすれば、やる気は必ずあとからついてきます。

### ◎基本の心構え

「最初の一歩」を踏み出してしまえば、やる気は軌道に乗る

### ◎今日からやるべきこと

前日に歩行禅のための準備を済ませるなど

「最初の一歩」をスムーズに踏み出せるしくみを作る

## 継続の極意その7

# パターンやルールを安易に変えない

習慣化のためにもっとも効果的なのは、それを**規則正しい生活の一部として組み込んでしまう**ことです。

第2章でもお伝えしたことですが、歩行禅の3ステップをおこなうそれぞれの時間を、ルールとして決めてしまうのは継続のためによい方法です。そして、それをルーティンにすること、その**規則性やルールを安易に変えない**ことがもう一つの秘訣です。

会社勤めの人ならば、たとえば歩行禅のステップ1を「今日は通勤時にやろう」「今日は昼休みにやろう」「今日は帰宅後に、公園でステップ2とまとめてやろう」といった具合に、日々の気まぐれでおこなうのは継続化のためにはあまりよくないやり方です。

もちろん、それでも毎日続けられるという自信とやる気のある人なら問題ありません。本来は、歩行禅には多くの縛りは必要ないのです。しかし、なによりも大事なのは継続することです。**継続化、習慣化のためには、一定のパターンやルールを定める**

**ほうが効果的だということです。**

一度、自分の生活の「時間割」を作ってみましょう。起床時間、身支度の時間、三度の食事の時間、仕事や家事の時間、お風呂の時間、リラックスする時間などは、ある程度同じような時間帯におこなっているはずです。そのなかで、毎日無理なく歩行禅を実践できる時間を見つけ、「生活の新ルール」として決めてしまうのです。

ただし、仕事がお休みの土日にはパターンを変えてみるなど、たまに新鮮さを取り入れるのもよいことです。ルーティンはどうしても惰性になってしまいがちですが、パターンを変えることでモチベーションの低下を防ぎ、また新鮮な気持ちでルーティンに戻ることができます。

その効果が得られるのも、ベースとなる時間割の規則正しさがあってこそです。生活が不規則で、決まった時間割などないという人は、歩行禅をきっかけにして規則正しい生活を目指しましょう。

**睡眠時間や食事のタイミングが毎日ばらばらだというような不規則な生活は、身体の健康を害し、精神も不安定にすることがわかっています。**とくに、体内時計に逆らうような不規則な生活を長年にわたって送っている人は、規則的な生活を送っている人よりも長生きできないという研究もあるようです。

規則正しい生活を送り、その時間割のなかに歩行禅の時間を組み込む。これが継続のためのいちばんの極意です。

さらにモチベーションを上げたい人は、**時間割と歩行禅のルールを紙に書き出して"見える化"してみる**のもよいでしょう。

**◎基本の心構え**
規則正しい生活のなかでパターンやルールを定め
それを安易に変えないことが継続のためのいちばんの極意

**◎今日からやるべきこと**
自分の生活を振り返って「時間割」を組んでみる
時間割と、歩行禅のルールを紙に書き出してみる

継続は、なにかを成し遂げるために必要不可欠なステップです。わかりやすい結果

や目覚ましい変化は、すぐには現れないかもしれませんが、それでも、信じて続けることです。

イチロー選手の名言の一つに**「小さいことを積み重ねるのが、とんでもないところへ行くただひとつの道」**という有名な言葉があります。また、元プロ野球監督の野村克也氏は、監督時代に**「努力に即効性はない」**というのが口癖だったそうです。

これ以外にも、古今東西の多くの偉人や成功者たちが、投げ出さずに努力を継続することの大切さを言葉に残しています。人生において光をつかむために必要な要素とは何なのか。それがまさに「継続」であると、偉人や成功者たちは語っているのです。これらは、お釈迦様の教えとも非常に共通しています。

この章でご紹介してきた「継続のための極意」を取り入れながら、歩行禅や、第3章の「小さな修行」を日々実践していきましょう。その道を進めば進むほど、闇のトンネルを抜けるが如くに、人生の光景は明るい光で満ちあふれてくるはずです。

# 終章

## 仏教の枠にとらわれず「歩行禅」を楽しもう

## 歩行禅の実践に、宗教や宗派は関係ない

ここまでの章でお伝えしてきた歩行禅や、日々の生活のなかの小さな修行の数々を「よし、やってみよう」という気になっていただけたでしょうか。そして、それを人生のルーティンとして継続してみようと思っていただけたでしょうか。

この本では、私が過去の修行から得た悟りをベースにしながら、仏教の教えにもとづく形でさまざまなメッセージをお伝えしてきました。しかし、歩行禅や小さな修行を実践するにあたって、みなさんが仏教徒であるか、ないかはまったく問題ではありません。**歩行禅や小さな修行の「心と身体の不調を整える効果」は、たとえばあなたがほかのどんな宗教の教徒でも、あるいは無宗教や無神論者でも変わりません。**

必要なのは、人としてどう生きるのが正しいのかということを求める心です。

そして、自分なりに「心を整えよう」という気持ちをもつことはその第一歩であり、宗教や宗派の枠組みはひとまず気にしないでください。

人としてどう生きるのが正しいのかということを追求していくと、行き着くところ

はどの宗教も同じなのではないか。たとえば世界中のどんな宗教でも、あるいは無宗教でも、登山にたとえるならば目指す頂上は同じなのではないか。単にアプローチの仕方が違うだけなのではないか。私はそのように考えています。

この本では、そのアプローチの仕方の一つ、つまり、目指す頂上へ向かうルートの一つを、実践的なハウツーに落とし込みながらお伝えしてきました。

前述のように、頂上につながるルートはいくつかあるのですが、そのうちの一つのルート――自分が歩んできたルートを、すこしばかり先達《せんだつ》として道案内をさせていただいたつもりです。この本を読んで、もし、仏教の教えがすんなり心に入ってこない、あるいは腑に落ちないようならば、その箇所は忘れていただいてもかまいません。

たとえば歩行禅の3つのステップなら、「懺悔偈」や「感謝の三遍礼拝」といった理屈の部分は軽く流して、ただただ、ウォーキングと「ごめんなさい」「ありがとう」の反復をエクササイズがわりにおこなうだけでも充分です。坐禅も、難しく考えすぎず、最近流行りのマインドフルネスだと思って試してみてください。

**最終的なゴールは、人として正しい生き方をして、幸せになること。**歩行禅や小さな修行は、そのためのアプローチ法の一つということです。

宗教の戒律は関係ありません。日々、人として正しい生き方を追求していくことさえできれば、健全な心と身体、そして幸せな人生は自ずとついてくるのです。

## 宗教よりも大事な「信仰」と「信心」

以前、「塩沼さんのお話を聞いていると、宗教って必要ないと感じてしまう」と言われたことがあります。法話などでお伝えすることの内容がシンプルで、一般的な説法にあるような堅苦しさがないからだそうです。また、北野武さんからは「塩沼さんは元素のようなものだ」とも言われたことがあります。

私はこれを褒め言葉と受け取り、とても嬉しく思いました。

宗教者として、仏様の教えを広める立場にあるお坊さんとして、本当はこんなことを言ったら叱られてしまうのかもしれません。しかし私は、「宗教」という枠組みも大切ですが、一人ひとりの「信仰」や「信心」のほうがずっと大事だと思っています。

**信仰や信心とは、「祈る心」のことです。**

宗教には必ず「祈り」があります。仏教だけではありません。キリスト教にも、イスラム教にも、ヒンドゥー教にも、必ずあります。しかし、祈りや信仰は、どこかの宗教に入らないとできないものではありません。本来、宗教には強制的なものはなにもないと思うのです。

よく、日本人は無宗教だと言われますが、信心がまったくないかと言うと決してそんなことはありません。お盆やお彼岸の時期にはお墓参りをしてご先祖様に手を合わせますし、神社に行けば、小さな子どもでも手を合わせてお祈りをします。充分、生活のなかに信仰が根づいているのです。

朝起きて、身支度を整えて朝ごはんを食べ、ご先祖様や神棚に向かって「今日も家族が無事でありますように」「仕事がうまくいきますように」「みんなが幸せでありますように」と手を合わせ、夜に「ありがとうございました」と今日一日の無事を感謝するのは立派な信仰です。

また、お天道様やお月様を仰ぎ、あるいは山や海に向かって、心のなかで「今日もよろしくお願いします」「今日もありがとうございました」と語りかけるのも、「祈る心」です。

そして祈りは、人を思いやる心や、他人を大切にする心、目上の人を敬う心、感謝する心といった普遍的な精神につながっています。

一方で、現在の宗教には「こうしなければならない」という形や戒律がいろいろとある場合が多いのです。お坊さんの世界だけでなく、在家のみなさんにおいても、物をお供えしなければならないとか、お布施をしなければいけないとか、ある面では非常に窮屈な場合もあります。また、「うちの宗教はこういう教えだ」ということが最重要視されれば、その教義だけをお互いに主張し合って「あの宗教よりもこちらのほうが正しい」「こちらの宗派のほうが上だ」「いや、うちのほうが上だ」という競争になってしまいます。それが人間というものです。しかし、そんな終わりなき議論が延々と続いていくのは、とてももったいないことです。

本来、宗教とは、そんな窮屈なものではないはずだからです。

## 宗教はそもそも、実用的な「人生のアイデア集」

仏教が生まれた2500年前というのはどういう時代かと言うと、人類史において、狩猟生活から農耕生活へと人間の営みが移り変わった時代です。

狩猟生活の時代には、人間が少人数単位で、いろいろな場所にばらばらに暮らしていました。いわば、小さな運命共同体が各地に点在している状態です。その後、農耕がはじまると大きな川のほとりに人が集まってきて、都市化が進んでいきます。

都市化すると、社会が目的至上主義になる。自分の所属している集団や自治体の発展を至上命題とする競争社会となります。すると、人の心は殺伐としてきます。

そこで人々は救いを求め、宗教というものが誕生しました。２５００年前、ガンジス川流域の悩める人々に向けて、**人生をよりよく生きるための実用的アイデアを提示してくれたのがお釈迦様だった**というわけです。

人類史を繙《ひもと》くと、その後は長らく農耕の時代が続き、18世紀半ばから19世紀にかけて産業革命が起こります。それ以降、数百年をかけて機械化、工業化が進みました。そして、第二次世界大戦後には50年ほどで情報化、デジタル化が高度に進み、ここ数年はＡＩ（人工知能）の発達と実用化に注目が集まるなど、時代はめまぐるしく変化しています。

そんななかで、お釈迦様の教えはいまでも色褪《いろあ》せることなく、現代社会に通じています。これは、どれほど時代が変わろうとも、人間の本質や心の営みは不変であることの証ではないでしょうか。

仏教に限らず、宗教の教えとは本来、私たち人間に「人生の歩き方」や「幸せになる方法」を教えるための道標であり、実用的アイデア集であると思うのです。

世界のあらゆる宗教も、仏教と同じように、悩める人々の「どうやって生きればよいのか」という疑問に対する答えとして生まれ、発展していったのですから。

## どの宗教にも通じる「愛」と「祈り」

以前、アメリカを訪れた際に、アランさんとリサさんというご夫婦の自宅に滞在させてもらったことがありました。お二人は、どちらも特定の宗教をもっていませんでしたが、ある日、妻のリサさんが夫のアランさんに「キリスト教徒になる」と言いました。世界のあらゆる宗教を学び、もっとも自分の心に合っているのがキリスト教のカトリックだと考えての決断だったそうです。

アランさんは「ええっ、特定の宗教をもつの？　リサの考え方が変わってしまったらどうしよう」と驚き、心配しました。彼はカトリックに関する文献を読み漁《あさ》り、そのなかで「カトリックは他の宗教を認める」という記述を見つけ、排他的な教えではないことに心から安心して「ＯＫ！」と認めたそうです。

そんなご夫婦と一緒に夕食をとりながら宗教と信仰についての会話をかわしたときのことが、とても印象に残っています。

外国の方はとても真面目で質問好き、議論好きなので、「仏教ってどういう教え？」「それはどういうこと？」と、次々に真剣な問いが飛んできます。仏教の考え方、キリスト教の考え方についてリサさんとひとしきり意見交換をしたあと、彼女は、ある日本の盃《さかずき》をもってきて私に見せてくれました。

日本の文化を愛するリサさんが、インターネットのショッピングサイトで買い求めたものだそうです。それは、金継《きんつ》ぎの盃でした。

金継ぎとは、割れたり欠けたり、ヒビが入ったりした器を漆で接着し、継ぎ目の部分を金などの金属粉で装飾しながら仕上げる技法です。

リサさんは、味わい深いたたずまいを見せる金継ぎの盃を手にとりながら「私は、人間ってこうだと思う」と話してくれました。

「盃は、ぶつかったり落としたりすれば割れる。でも、割れてバラバラになってしまっても、この金継ぎのように一つになれる。人間もそうよね。それぞれがバラバラでも、一つになれるの」

私はその言葉にとても共感し、こう言いました。

「では、この金の部分が〝真理〟ですね」

リサさんも、「そうそう!」と嬉しそうな表情を見せてくれたのです。

するとアランさんが急に表情を変えて「僕には信じている宗教はないけれど、18世紀の哲学者で無神論者のデイヴィッド・ヒュームを信奉している。そして私にも生きるうえでの真理がある。君たちの言う〝真理〟とは一体どういうものか」と質問してきました。

私は5秒程度考えて、こう言いました。

「慈愛と祈りです」

アランさんは「とてもいいアイデアだ。きっとデイヴィッド・ヒュームも、『さあ美味しいワインを飲もう!』と言うだろう」と意気投合した瞬間が忘れられません。

**愛と祈りは、どの宗教にも通じるものです。**仏教、キリスト教、イスラム教、ヒンドゥー教など、それぞれにアプローチの仕方は違っても、たどり着く真理は一つ。

それは「愛と祈り」ではないでしょうか。

## 慈愛につながる歩行禅の「3つの心」

愛とは、仏教で言うところの**慈愛**です。

**慈愛とは、自分以外の存在に対する慈しみの心、相手を思いやる心です。**

この本では、「ありがとう」と「ごめんなさい」、そして「はい」という3つの言葉を、心を整えるためのキーワードとして取り上げてきました。歩行禅の際にウォーキングしながら心のなかで唱える「ごめんなさい」と「ありがとう」。そして、第3章で「小さな修行」としてご紹介した魔法の言葉、「はい」。――**この3つの言葉は、まさに慈愛を具現化するようなフレーズだと言えます。**

「ありがとう」は、他者や自然への感謝と慈しみの言葉。

「ごめんなさい」は、誰かの気持ちを思い、自己を省みる反省と懺悔の言葉。

「はい」は、目の前の相手を受け入れ、肯定する敬意の言葉です。

これらは慈愛に満ちた言葉でありながら、あまりにもあたりまえすぎて普段は気にも留めない人が多いかもしれません。それどころか、現代においてはないがしろにされすぎている言葉だと感じます。

「ありがとう」「ごめんなさい」「はい」という言葉のベースとなっているのは、この本でも繰り返しお伝えしてきた、次の3つの心です。

「ありがとう」は、感謝の心。

いま、この世に生かされていることだけでもありがたいと感謝する心。日々の何気ない幸せに感謝する心。そして、与えられた環境やご縁、身のまわりのあらゆる存在に感謝する心です。

「ごめんなさい」は、反省の心。

誰かを傷つけなかったかなと自己を省みる心。もし、過ちを犯してしまったときには真摯《しんし》に懺悔する心。また、自分の悪いところを見つけ、心の底から反省をして、もう一段上の自分に生まれ変われるように常に向上心をもつ精神の在り方です。

「はい」は敬意の心。

好き嫌いにとらわれず、人生で出会うすべての人に対して、敬い尊重する気持ちをもって接する心。決して他人を下に見たり卑下したりしない、分け隔てのない心。また、相手を責めず、苦しみの矛先を他人に向けることのないように、心の針をコントロールしようとする精神の在り方です。

**歩行禅は、普段ないがしろにしがちな「ありがとう」「ごめんなさい」「はい」という3つの心をルーティン化するためのメソッドでもあります。**ウォーキング中の「ごめんなさい」と「ありがとう」に対して、「はい」は坐禅中の瞑想に相当するとも言えるでしょう。自分の人生や、置かれた環境を受け入れ、すべてをあるがままに肯定するのは、周囲に対する敬意＝「はい」の心にほかなりません。

## 現代に生きる日本人の幸福度はなぜ低い？

歩行禅の3ステップを習慣化し、継続することによって、日常生活のなかでもこの3つの言葉が自然に口から出てくるような〝心の改革〟が進みます。

朝、「ごめんなさい」と心で唱えながら会社に行くだけでも、その日一日の心はだいぶ違うものになるはずです。たとえば、人があふれる駅の構内やぎゅうぎゅう詰めの満員電車のなかで、ちょっと肩がぶつかっただけでイラッとするような――そういう、マイナスの方向に向く「心の針」の動きが減ってくるのではないでしょうか。

「ごめんなさい」「はい、お先にどうぞ」「ありがとう」

こういった心のふれあいが生まれ、その雰囲気が伝播《でんぱ》していけば、いまの日本の都会に蔓延《まんえん》している殺伐とした空気がすこしずつ和らいでいくはずです。

近頃の日本では、**「あいさつをする」「他人に親切にする」「相手に嫌な思いをさせない」「目上の人を敬う」「約束を守る」「嘘をつかない」「好き嫌いをしない」**といった基本的なマナーが、どんどん失われているように思います。

昔は「日本人は礼儀正しくマナーがいい」と言われていましたが、海外を訪れるたびに、事情は変わってきていると肌で感じます。公共の場において、海外はマナーや慈愛の精神が生きていると感じることが多いのですが、日本では大人も子どもも「自分がよければそれでいい。他人には無関心」といった心ない振る舞いが多く見受けられるのです。実際、外国の方から「最近の日本人はマナーがよくないね」と指摘されることも、しばしばあります。

**マナーの根底にあるのは、人として「ごくあたりまえの心」です。**現代に生きる日本人は、人としてあたりまえの心を失いつつあるのかもしれません。

このような、どこか殺伐とした世情を反映してか「日本人は幸福度が低い」という調査結果があります。

国連の発表による「世界幸福度報告書2017」のランキングでは、日本は調査対象の155か国中51位。先進国では最低レベルだそうです。その内容を見ると、幸福度の指標として設けられた6つの項目（一人あたりGDP〔国内総生産〕／社会的支援／健康寿命／人生選択の自由度／寛容さ／社会の腐敗度）のうちで「寛容さ」のスコアが突出して低くなっています。

**寛容さとはまさに、「ありがとう」「ごめんなさい」「はい」の精神のことではないでしょうか。**この3つの言葉に象徴されるような「人としてごくあたりまえの心」が、人生の幸福度に大きくかかわっているのは間違いありません。

**心のもち方や日常の言葉づかい、生活態度をきちんとするといった、とりたてて特別なことではない、あたりまえのことをあたりまえにおこなうだけで、驚くほど人生がよい方向に転じたり、よいことが起きたりします。**

また、つらいことや悲しいことが起こったり、怒りや不平不満が生じたりしても、それにとらわれず、素直に、ありのままに受け入れることができるような心であれば、人生における幸せの総量は多くなるのではないかと思います。

**幸せの総量が増えるということは、相対的に、精神的ストレスが減るということです。**これは、心だけでなく身体も健康になることを意味します。

精神的ストレスが、老化や万病のもとであることは昔から言われています。事実、高血圧や心不全などの心血管疾患、胃炎や過敏性腸症候群などの胃腸の病気や、うつ病、頭痛といった不調を引き起こすことがわかっています。また、精神的ストレスはがんに罹るリスクを上げる一要因だと指摘する専門家も少なくありません。

「ありがとう」「ごめんなさい」「はい」の言葉をどれだけ毎日のルーティンとして繰り返せるか。そして、どれだけ慈愛に満ちた生き方ができるか。

これが人としての修行であり、同時に、心と身体の健康や若々しさを保ちながら充実した人生を送るための秘訣でもあるのです。

## 人生という修行の最終目標

神とか仏とか言われる存在は本当にあるのかと、訊《き》かれることがあります。

神仏の存在は科学的にはまだ解明されていないけれども、千日回峰行でお山を歩いているときに思ったことは、自分にも親がいる。その親にもまた親がいる――と辿《たど》っていって、どんどん遡ると宇宙に行き着くのだなあ、ということでした。

私たちは宇宙の子どもである。宇宙の片隅に人間として生まれ、生かされ、そのなかで人としてのルールを守って死ぬまでの道のりを歩いていく。

生きることは楽しいことばかりではなく、つらいこと、悲しいこともたくさんあるけれど、それでも精いっぱい生きる。

どんなときでも精いっぱい、ポジティブに生きて、命のリレーをつないでいく。

そして、次に生まれてくる命たちのために、よりよい世界を作っていく。

そのためには、私たち自身が幸せでなければなりません。

これが、この宇宙で生かされている私たちの役目であり、人生という名の修行の最終目標なのではないかと思います。

# おわりに

私たち人間の悩みや苦しみは、心の反応が生み出しているものである。その反応を自分でコントロールして鎮めることができれば、人は無用な苦しみから解放されることができる——これが、お釈迦様の教えの根底にある考え方です。

理屈ではわかるけれども、「じゃあ、どうやって？」と思ってしまいます。

この本では、その問いに対して〝本当に役に立つ行動プラン〟である**歩行禅という実践・実用に特化したメソッド**を提唱することで、その「どうやって？」に具体的にお答えしてきました。

歩行禅を習慣化することの最大のメリットは、**ポジティブな心になれて、嫌なことをプラスに考えられるようになること**です。

ポジティブな心は健全な心と身体を作り、幸せな人生を作る——頭ではそのようにわかっていても、生き方を変えることはそんなに簡単ではないのかもしれません。

あるとき、こんなことを言われたことがあります。

「嫌なことも苦しいことも、すべてを受け入れてポジティブにとらえることができるのは、塩沼さんが〝勝ち組〟だからですよ。〝負け組〟の私たちは、とても、そんな穏やかな心境にはなれません」

そもそも、勝ち組、負け組とは、いったいなんでしょうか？

スポーツの世界と同じで、現時点で「勝って」いるように見えても、努力を怠ればすぐに「負けて」しまいます。また、ある人からは「勝って」いるように見えても、別の立場の人から見たら「負けて」いる存在かもしれません。

世の中に勝ち組、負け組という分類が存在するとしたら、それは非常に流動的なものではないでしょうか。そして、それはこの本の序章で触れた「十界」での魂の流転のように、心のもちようによって克服できるものです。

私は、大峯千日回峰行以来、歩行禅のキーワードでもある「感謝＝ありがとう」「懺悔＝ごめんなさい」「敬意＝はい」の心を、自分の生き方として、日常生活における努めとして、ひたすらに継続してきました。

自分自身にとっても、心の在り方を変えるのはそう簡単なことではありませんでした。すでに書いたように、最後の最後まで残った課題が「怨憎会苦」の心をコントロールすることでした。しかし、10年以上も諦めずに努力を続けた結果、ある日突然、苦手だった相手に対するネガティブな心をコントロールできるようになったのです。

これは私にとって、心が闇の世界から光の世界へと180度向きを変えた、精神的大転換の瞬間でした。

それ以降、私の心の針は常にプラスの方向を指すようになり、現実生活にもよいことばかりが起こるようになりました。これは決して、大げさな誇張ではありません。そしてその効果は、いま現在に至るまで変わっていません。これが、**千日回峰行とその後の「小さな修行」の積み重ねによる、私自身の〝ビフォー・アフター〟**です。

禅の考え方に、**「運水搬柴《うんすいはんさい》、是神通《これじんつう》」**というものがあります。運水搬柴とは水や薪を運ぶ様子を指し、人間が日常生活のなかで繰り返す営みのことを表します。是神通とは、神の力に匹敵するような不思議のことです。

普段、私たちは神通力のような非日常の力を求めがちです。しかし、人間が日々平凡な行動を繰り返しながらこの世に生かされていることそれ自体が、不可思議なことである――。これが、「運水搬柴、是神通」という言葉の意味です。

神様や仏様がくださる神通力は、すでに身近に存在しているということです。これは、人生の幸せにもまったく同じように当てはまります。

私たち人間は、ままならない自分の人生に「一発逆転」や「大どんでん返し」のような幸運が舞い込むことを待ち望んでいます。

しかし、私たちはこの世に生かされていることがすでに大自然からいただいた奇跡であり、幸運です。本当の幸せは日常生活のなかに隠れていて、**人生に立ち現れる幸も不幸も、私たち自身の日々の努めによる心の向いている方向にかかっているもの**なのです。

その日々の努めとして、この本でお伝えした歩行禅や「小さな修行」は最適です。

そして、その努めの先には、光に満ちた幸多き人生があることをお約束いたします。

２０１７年８月吉日

塩沼亮潤

塩沼 亮潤（しおぬま りょうじゅん）
1968年、仙台市に生まれる。1987年、東北高校を卒業後、吉野の金峰山寺で出家得度。修行と研鑽の生活に入る。1991年、大峯百日回峰行満行。1999年、大峯千日回峰行満行。2000年、四無行満行。2006年、八千枚大護摩供満行。現在、仙台市秋保・慈眼寺住職。大峯千日回峰行大行満大阿闍梨。著書に『人生生涯小僧のこころ』(致知出版社)、『執われない心』（PHP研究所)、『春夏秋冬〈自然〉に生きる』（春秋社)、『縁は苦となる苦は縁となる』（幻冬舎）など多数。

歩《ある》くだけで不調《ふちょう》が消《き》える 歩行禅《ほこうぜん》のすすめ

2017年 9月 1日　初版発行
2025年 5月25日　８版発行

著者／塩沼《しおぬま》 亮潤《りようじゆん》

発行者／山下 直久

発行／株式会社KADOKAWA
〒102-8177　東京都千代田区富士見2-13-3
電話 0570-002-301（ナビダイヤル）

印刷所／TOPPANクロレ株式会社



●お問い合わせ
https://www.kadokawa.co.jp/（「お問い合わせ」へお進みください）
※内容によっては、お答えできない場合があります。
※サポートは日本国内のみとさせていただきます。
※Japanese text only

定価はカバーに表示してあります。


ISBN 978-4-04-601892-2　C0077